Marion Bernard

I0134495

GRAMÁTICA DEL FRANCÉS

dve PUBLISHING

De Vecchi Ediciones participa en la plataforma digital **zonaebooks.com**
Desde su página web (www.zonaebooks.com) podrá descargarse todas las obras de nuestro catálogo disponibles en este formato.

© Editorial De Vecchi, S. A. 2018
© [2018] Confidential Concepts International Ltd., Ireland
Subsidiary company of Confidential Concepts Inc, USA
ISBN: 978-1-68325-843-8

Índice

Introducción

Para el correcto conocimiento y aprendizaje de una lengua, es imprescindible conocer a fondo la gramática; sin embargo, esta suele ser la parte que resulta más dura y complicada para la mayoría de la gente.

En esta gramática que tiene entre sus manos encontrará todo lo que necesita saber sobre fonética, morfología y sintaxis de la lengua francesa, para que pueda adquirir unos conocimientos elementales bien fundamentados y con poco esfuerzo.

Adjetivos; artículos; sustantivos; preposiciones; conjugaciones de verbos; formación de frases afirmativas, negativas e interrogativas…

La teoría está perfectamente sintetizada y explicada de una forma clara y sencilla; los ejemplos le ayudarán a comprender fácilmente lo explicado, y con los ejercicios que se facilitan al final de cada lección podrá verificar lo aprendido.

Un manual único y completísimo que constituye una guía práctica, de fácil acceso, exhaustiva y útil para todos aquellos que quieren aprender francés, tanto para aquellos que desean iniciarse en el estudio de esta lengua como para quienes han de conseguir un nivel avanzado.

Fonética y ortografía

El alfabeto

El alfabeto francés se compone de 26 letras: 20 consonantes y 6 vocales (**a, e, i, o, u, y**).

Con respecto al español, el francés no tiene la **ñ** (cuyo sonido se forma en francés con **gn**) ni cuenta con la **ch** y la **ll** como letras, pero tiene la **ç** y más sonidos vocálicos: la **è** (**e** abierta), la **oe** (a medio camino entre la **e** y la **o**) y la **u** (entre la **i** y la **u**).

Las letras del alfabeto son todas masculinas.

Las consonantes

Generalmente se pronuncian igual que en español, aunque algunas tienen una pronunciación diferente o, si se combinan entre sí, dan lugar a sonidos distintos de los españoles.

• La consonante **b** tiene el mismo sonido que en español, pero al final de palabra es muda.

• **C** y **g** tienen dos sonidos: uno sonoro, delante de las vocales **e**, **i**; y uno sordo, delante de las vocales **a**, **o**, **u** y delante de las consonantes.

- La consonante **ç** sólo va delante de las vocales **a**, **o**, **u** y tiene el sonido sonoro de **s**.

- La **d** suena igual que en español, pero al final de palabra no se pronuncia.

- La **f** se pronuncia como en español, también a final de palabra, excepto en *neuf* («nuevo»), que si va seguida de una palabra que empieza por **vocal** o **h** muda, se pronuncia **v**.

- La consonante **h** no se pronuncia nunca. Puede ser **muda** o **aspirada**. Delante de **h muda** se produce la elisión y la *liaison* (unión). Esto no ocurre nunca con la **h aspirada**, que se considera una consonante.

  En general, las palabras que derivan del latín presentan la **h muda**, mientras que las de otro origen tienen la **h aspirada**. Sin embargo, al no haber reglas totalmente exactas, siempre es necesario consultar el diccionario, en donde la **h aspirada** se indica generalmente con un asterisco al inicio de la palabra.

- La **j** se pronuncia como la **g sonora**.

- La **k** es sorda y se encuentra en muy pocas palabras, generalmente de origen extranjero.

- La **l** se pronuncia como en español, excepto cuando va precedida de la vocal **i**. En el caso del grupo **ill** dentro de una palabra y del grupo **il** al final, solamente se pronuncian las vocales.

- La **m** y la **n** se pronuncian como en español; cuando van precedidas de una vocal, son nasales.

- La **p** se pronuncia como en español, pero es muda cuando va seguida de **t** a final de palabra o si ella misma está a final de palabra.

• El grupo **qu** es sordo y se pronuncia como una **k**, sin la vocal **u**. Raramente se encuentra a final de palabra, en cuyo caso va sin la **u**.

• La **r** es más líquida que en español, especialmente en la región de París.

• El grupo **er** a final de palabra polisílaba se pronuncia como una **e** cerrada, mientras que en los monosílabos se pronuncia **er**. Son excepciones: *amer* («amargo»), *hier* («ayer»), *hiver* («invierno»), *univers* («universo») y *super* («súper»), en las que sí se pronuncia la **r** final.

• La **s** puede ser **sorda** o **sonora**. Una sola **s** entre vocales es sonora; a principio de palabra, cuando va seguida de consonante o cuando es doble, es sorda. A final de palabra no se pronuncia.

• La **t** se pronuncia como en español. Sin embargo, se pronuncia **s** cuando va seguida de la vocal **i** en palabras que en español hacen **ci**, como *position* («posición»). Es muda al final de palabra.

• La **v** se pronuncia como en español; la **w** se pronuncia **u** en los nombres ingleses.

• La **x** tiene diferentes sonidos: se pronuncia **ks** si va seguida de consonante y **gs** a principio de palabra o si va entre dos vocales. En algunas palabras se pronuncia como **ss**, como por ejemplo en *soixante* («sesenta»). A final de palabra no se pronuncia.

• La **z** es como una **s** sonora. Es muda a final de palabra.

Recuerde: las consonantes **d**, **p**, **s**, **t**, **x**, **z** a final de palabra generalmente son mudas, pero hay numerosas excepciones, como: *cap* («cabo»), *David*, *huit* («ocho»), *Félix*, *fils* («hijo») y *gaz* («gas»), en las que se pronuncia la consonante final.

Consonantes dobles y combinadas

Normalmente, las **consonantes dobles** se pronuncian como si fueran simples. Las **consonantes combinadas** requieren una mayor atención. La **ch** no es sorda como en español, sino sonora.

● El grupo **cc** se pronuncia como una **c** sorda delante de las vocales **a**, **o**, **u**; pero delante de **e**, **i** se pronuncia **ks**.

● El grupo **gg** delante de **e** se pronuncia **gj**.

● El grupo **gu** tiene el sonido de **g** sorda, como en la palabra *gato*, y la vocal **u** no se pronuncia.

● El grupo **ph** se pronuncia **f**.

● El grupo **gn** se pronuncia **ñ**.

● El grupo **sc** se pronuncia **s** delante de las vocales **e**, **i**, **y**, pero se pronuncia **sk** en los otros casos.

Las vocales

● La **a** y la **i** se pronuncian como en español.

● La **y** se pronuncia como la **i** latina.

● La **o** puede ser abierta o cerrada.

● La **u** se pronuncia en una posición más anterior, con un sonido entre la **u** y la **i** españolas.

● La **e** puede ir con o sin acento. Cuando no se acentúa, la **e**:

— es **muda**: no se pronuncia a final de palabra polisílaba;
— es **semimuda**, si es final de monosílabo.

La **e** se pronuncia muy **abierta** si no va a final de sílaba o si es final de un monosílabo terminado en **-es**.

Cuando la **e** lleva acento:

— suena **cerrada**, si el acento es agudo;
— suena **abierta**, si lleva acento grave o circunflejo.

La **e** acentuada puede hallarse a final de palabra, en cuyo caso sólo puede ser **é**, o a final de sílaba, y entonces presenta varias grafías: **é**, **è**, **ê**: *liberté* («libertad»), *vérité* («verdad»), *frère* («hermano»), *tête* («cabeza»).

Grupos de vocales

• El grupo **ou** se pronuncia como la **u** española.

• El grupo vocálico **oi** se pronuncia **ua**. Constituye una excepción la palabra *oignon* («cebolla»), en la que el grupo **oi** se pronuncia como una **o**.

• Los grupos vocálicos **ai/ei** se pronuncian como una **e**.

• Las vocales **au/eau** se pronuncian como una **o** cerrada.

• Los grupos **eu/oeu** se pronuncian con un sonido a medio camino entre la **o** y la **e** españolas.

Vocales nasales

Cuando una vocal va seguida de **m** o **n** dentro de una misma sílaba, esta se nasaliza, dando lugar a un sonido muy típico de la lengua francesa. En la práctica, la **m** y la **n** no se pronuncian, y se puede lograr un sonido correcto manteniendo la boca ligeramente abierta.

En este caso muchas vocales sufren una variación de su sonido: la **e** adquiere un sonido similar a la **a**: *enfant* («niño»), *président* («presidente»); las vocales **i/y** tienen un sonido parecido al de la **e**: *fin* («fin»), *sympa* («simpático»); y la **u** tiene un sonido a medio camino entre la **o** y la **e** españolas: *un* («uno»), *brun* («moreno»).

El **sonido nasal** no se produce si la **m** y la **n** forman sílaba con la vocal que va detrás o si son dobles.

La *liaison*

Hacer la *liaison* significa pronunciar la consonante final de una palabra, que generalmente es muda, uniéndola con la palabra siguiente cuando esta empieza por **vocal** o **h muda**: *mes amis, les enfants.*

La *liaison* es obligatoria:

— entre artículo y nombre: *les hommes* («los hombres»);
— entre adjetivo y nombre: *ses amis* («sus amigos»);
— entre el sujeto y el verbo: por ejemplo, *nous allons* («nosotros vamos»);
— entre el verbo y el nombre o el adjetivo que van detrás: *Il est infirmier* («Él es enfermero»), *Il est amusant* («Él es divertido»);
— con **c'est**: *C'est un ami* («Es un amigo»), *C'est elle* («Es ella»), *C'est à moi* («Es mío/Es mi turno»);
— entre el verbo auxiliar y el participio pasado: *Il est arrivé* («Ha llegado»), *Ils sont aimés* («Les aman»);
— después de la gran mayoría de los adverbios y preposiciones: *chez elle* («en su casa»), *avant-hier* («anteayer»);
— después de **quand** y **dont** (y en este caso la **d** de **quand** se pronuncia **t**): *quand il arrivera* («cuando llegue»), *la personne dont il parle* («la persona de quien habla»);
— en los nombres compuestos: *les États-Unis* («Estados Unidos»), *les Champs Élysées* («los Campos Elíseos»).

La *liaison* no se realiza:

— con la conjunción **et**: *Marc et/*Isabelle*;
— delante de **h** aspirada: *les/*héros* («los héroes»), *les/*harpes* («las arpas»);
— entre el sustantivo que actúa de sujeto y el verbo: *Ces filles/ont de beaux cheveux* («Estas chicas tienen cabellos bonitos»);
— detrás de la desinencia **-es** de la segunda persona del singular: *Tu parles/à ta mère* («Tú hablas a tu madre»).

Acentos

Acento tónico

El acento tónico recae en la última sílaba articulada de las palabras: *climat* («clima»), *panorama*, *verité* («verdad»), *serment* («juramento»).

En las palabras terminadas en **e** muda o con desinencia verbal muda **(e, se, ent)** el acento recae en la penúltima sílaba: *mère* («madre»), *je parle* («yo hablo»), *tu habites* («tú vives»), *ils regardent* («ellos miran»).

Acento gráfico

En francés hay tres acentos gráficos diferentes.

• El acento **agudo** va solamente sobre la vocal **e** (**é**), a final de sílaba o de palabra: *école* («escuela»), *fraternité* («fraternidad»).

• El acento **grave** se puede encontrar sobre la vocal **e** (**è**), a final de sílaba: *lumière* («luz»), o sobre otras vocales con valor diacrítico: *à* (preposición), *a* (verbo *haber*), *où* («donde»), *ou* («o», conjunción). Constituyen excepciones: *après* («después»), *très* («muy»), *exprès* («expresamente»).

● El acento **circunflejo** se puede encontrar en todas las vocales, y en muchos casos indica la desaparición de una **s** en el correspondiente término latino o español: *fête* («fiesta»), *pâte* («pasta»), *hôpital* («hospital»).

Signos ortográficos

El guión

Se escribe el guión para unir:

— el verbo con el sujeto en la forma interrogativa con inversión del sujeto;
— el pronombre en función de complemento con el verbo en la forma imperativa afirmativa;
— los adverbios **ci** y **là** con los demostrativos;
— los números compuestos inferiores a 100, pero nunca cuando el número se completa con la cifra 1.

La diéresis

Se encuentra sobre las vocales **e**, **i**, **u** cuando van acompañadas de otra vocal; en ese caso se pronuncian separadas. Ejemplos: *Noël* («Navidad»), *maïs* («maíz»), *aiguë* («aguda»).

La cedilla

Se coloca debajo de la **c** cuando va seguida de **a**, **o**, **u**, en cuyo caso se pronuncia como una **s**. Ejemplos: *ça* («esto»), *façon* («modo»), *reçu* («recibido»).

El apóstrofo

Indica la elisión de las vocales finales **a** y **e** (en los artículos **le** y **la** seguidos de sustantivo) delante de **vocal** o **h muda**.

La **e** de *une* («una») no se elide nunca, mientras que la conjunción *si* («si») se elide sólo delante de los sujetos *il* («él») e *ils* («ellos»).

Ejercicios

Ejercicio 1. Señale los casos, marcados en negrita, en los que es posible hacer la liaison (_) y en los que está prohibida (//):

*Ej.: Les_**h**ommes (_sí liaison) («los hombres»)*
*Le//**h**asard (//no liaison) («el azar»)*

1. *Loui**s a** mangé.* (Luis ha comido).
2. *Le**s h**erbes du jardin.* (Las hierbas del jardín).
3. *Never**s** est **e**n France.* (Nevers está en Francia).
4. *Il**s h**ésitent.* (Ellos dudan).
5. *De beau**x a**rbres.* (De los hermosos árboles).

Ejercicio 2. Ponga los acentos que faltan:

Ej.: Apres avoir mange, nous partirons. (Después de haber comido, partiremos).
Après avoir mangé, nous partirons.

1. *Les legumes contiennent beaucoup de vitamines.* (Las verduras tienen muchas vitaminas).
2. *Il est medecin a l'hopital de Lyon.* (Él es médico en el hospital de Lyon).
3. *J'ai achete un ordinateur.* (He comprado un ordenador.)
4. *Elle a envie d'aller visiter les musees.* (Ella ha querido ir a visitar museos).
5. *Je suis nee a Paris.* (He nacido en París).

Frases útiles

En el aeropuerto

Je voudrais une réservation pour le prochain vol à destination de...
Deseo una reserva para el próximo vuelo a...

Un billet pour Paris, aller-retour, s'il vous plaît.
Un billete de ida y vuelta a París, por favor.

Votre avion décolle mardi à huit heures.
Su avión despega el martes a las ocho.

Et pour le retour ?
¿Y la vuelta?

À quelle heure faut-il se présenter à l'enregistrement ?
¿A qué hora tengo que facturar?

Puis-je voir votre billet et votre passeport, s'il vous plaît ?
¿Puedo ver su billete y su pasaporte, por favor?

Combien de valises avez-vous ?
¿Cuántas maletas tiene?

Iberia annonce le départ du vol 976 à destination de Paris.
Iberia anuncia la salida del vuelo 976 a París.

Mes valises ne sont pas arrivées.
Mis maletas no han llegado.

Mes bagages ont été perdus.
Mi equipaje se ha extraviado.

El artículo

Artículo determinado

El artículo determinado español es el llamado **article défini** en francés. A las cuatro formas españolas *el, la, los, las* les corresponden sus equivalentes:

Para el masculino:

— en singular: **le**;
— en plural: **les**.

Singular	Plural	
le chat	*les chats*	el gato/los gatos

Para el femenino:

— en singular: **la**;
— en plural: **les**.

Singular	Plural	
la maison	*les maisons*	la casa/las casas

Así pues, observamos que la única variación consiste en que el plural es idéntico para el masculino y para el femenino: **les**.

No obstante, en francés se da un fenómeno particular: la elisión. En efecto, cuando las formas **le, la** del artículo determinado se encuentran delante de una palabra que comienza por vocal o **h-**, el artículo hace caer su vocal y queda en una forma llamada **elidida**. Veamos algunos ejemplos:

Decimos:	*le garçon*	el niño
pero ante vocal:	*l'ami*	el amigo
	l'hôpital	el hospital

Lo mismo ocurre con el femenino.

Decimos:	*la maison*	la casa
pero ante vocal:	*l'amie*	la amiga
	l'herbe	la hierba

Otra peculiaridad del francés es la contracción que da lugar a las llamadas formas contraídas: **contractées**. Ocurre cuando los artículos **le**, **les**, debido a la caída de la vocal, se combinan con las preposiciones **a** y **de**, y forman una palabra única. Así:

— *à le* se convierte en *au*;
— *à les* se convierte en *aux*;
— *de le* se contrae en *du*;
— *de les* se contrae en *des*.

Artículo indeterminado

El artículo indeterminado francés, llamado **indéfini**, tiene las siguientes formas:
Para el masculino:

— en singular: **un** (se pronuncia /*én*/);
— en plural: **des** (se pronuncia /*dé*/).

Singular	Plural	
un chien	*des chiens*	un perro/unos perros

Para el femenino:

— en singular: **une** (se pronuncia */ün/*);
— en plural: **des** (igual que para el masculino).

Singular	Plural	
une maison	*des maisons*	una casa/unas casas

Ejercicios

Ejercicio 1. Ponga el artículo determinado **le**, **l'** o **la**:

Ej.: .... *garçon* («el muchacho»)
    Le *garçon.*

  1. .... *fille* («la muchacha»)
  2. .... *ami* («el amigo»)
  3. .... *amie* («la amiga»)
  4. .... *été* («el verano»)
  5. .... *homme* («el hombre»)

Ejercicio 2. Ponga el artículo indeterminado **un** o **une**:

Ej.: .... *mot* («una palabra»)
    Un *mot.*

  1. .... *homme* («un hombre»)
  2. .... *femme* («una mujer»)
  3. .... *ami* («un amigo»)
  4. .... *amie* («una amiga»)
  5. .... *été* («un verano»)

Frases útiles

En la aduana

Avez-vous quelque chose à déclarer ?
¿Tiene algo que declarar?

Je n'ai rien à déclarer.
No tengo nada que declarar.

Ouvrez cette valise, s'il vous plaît.
Abra esta maleta, por favor.

Votre passeport, s'il vous plaît.
Su pasaporte, por favor.

Vous voyagez seul ?
¿Viaja solo?

Vous voyagez en famille/groupe ?
¿Viaja usted con su familia/en grupo?

Quel est le but de votre voyage ?
¿Cuál es el motivo de su viaje?

Je suis ici pour les vacances.
Estoy aquí de vacaciones.

Je suis ici de passage.
Estoy de paso.

Je suis ici pour trois semanes.
Estaré aquí durante tres semanas.

El sustantivo

Género

Para formar el femenino de los nombres basta con añadir una **e** a la forma masculina:

Masculino	Femenino	
ami	*amie*	amigo/a
ours	*ourse*	oso/a

Existen, sin embargo, multitud de casos particulares y excepciones en que esta regla general no se cumple.

I. Reduplicación de la consonante final:

— Los nombres masculinos acabados en **-el** y **-eau** se transforman en **-elle** en la forma femenina:

Masculino	Femenino	
Gabriel	*Gabrielle*	Gabriel/a
chameau	*chamelle*	camello/a

— Los nombres acabados en **-en, -on** en femenino se convierten en **-enne, -onne**:

gardien	*gardienne*	guardián/a
baron	*baronne*	barón/onesa

— Los nombres acabados en **-et** reduplican la **t** (**-ette**):

▓ *coquet*   *coquette*   coqueto/a

2. Modificación de la vocal o la consonante final:

— Los nombres acabados en **-er** en la forma femenina llevan un acento grave sobre la **e** (**-ère**):

▓ *berger*   *bergère*   pastor/a
▓ *boulanger*   *boulangère*   panadero/a

— La mayoría de los nombres acabados en **-x** transforman la **-x** en **-se** sonora al formar el femenino:

▓ *époux*   *épouse*   esposo/a

— Los acabados en **-f** la transforman en **-ve**:

▓ *veuf*   *veuve*   viudo/a

3. Existe un gran número de sustantivos que tienen una terminación especial para el femenino:

— Los nombres acabados en **-eur** forman el femenino con **-euse**:

▓ *danseur*   *danseuse*   bailarín/a

Salvo cuando acaban en **-teur**, en cuyo caso la terminación para la forma femenina es **-trice**:

▓ *acteur*   *actrice*   actor/actriz

— Algunos nombres forman el femenino con la terminación **-esse**:

▓ *comte*   *comtesse*   conde/condesa

4. Finalmente, cierto número de nombres masculinos tienen un equivalente femenino distinto:

coq	*poule*	gallo/gallina
frère	*soeur*	hermano/a
monsieur	*madame*	señor/a
père	*mère*	padre/madre

Número

El plural de los nombres se forma añadiendo una **-s** al singular:

Singular	**Plural**	
enfant	*enfants*	niño/s
table	*tables*	mesa/s

No obstante, existe un buen número de excepciones y casos particulares.

● Los nombres acabados en **-s**, **-x**, **-z** no cambian en plural:

croix	*croix*	cruz/cruces
nez	*nez*	nariz/narices

● Los nombres que acaban en **-al** se transforman en **-aux** en plural:

journal	*journaux*	periódico/s

● Los nombres acabados en **-au**, **-eau**, **-eu** añaden una **-x** en plural:

tuyau	*tuyaux*	tubo/s
manteau	*manteaux*	abrigo/s
cheveu	*cheveux*	pelo/s

Ejercicios

Ejercicio 1. Escriba en femenino los siguientes sustantivos:

Ej.: un client («un cliente») / une cliente («una clienta»)
le client («el cliente») / la cliente («la clienta»)

1. *un français* («un francés»)   une ....
2. *un étudiant* («un estudiante») une ....
3. *un ami* («un amigo»)   une ....
4. *l'ouvrier* («el operario»)   l'..........
5. *le cousin* («el primo»)   la ....

Ejercicio 2. Escriba en plural:

Ej.: la voiture («el automóvil») / les voitures (los automóviles»)
un cahier («un cuaderno») / des cahiers («los cuadernos»)

1. *le train* («el tren») ....
2. *l'ami* («el amigo») ....
3. *la maison* («la casa») ....
4. *un français* («un francés») ....
5. *le repas* («la comida») ....

Frases útiles

En el hotel

Je voudrais réserver une chambre, s'il vous plaît.
Quería reservar una habitación, por favor.

Avez-vous une chambre pour ce soir ?
¿Tiene una habitación para esta noche?

Je veux une chambre très calme. Vous en avez une ?
Quiero una habitación tranquila. ¿Tiene alguna?

Je veux une chambre côte rue / avec vue sur la mer.
Quiero una habitación con vistas a la calle / al mar.

Quel est le prix par nuit ?
¿Cuánto cuesta por noche?

C'est le prix TTC ?
¿El precio incluye el IVA?

Nous resterons six jours.
Nos quedaremos seis días.

Le petit déjeuner est servi où ?
¿Dónde se sirve el desayuno?

Je voudrais prendre le petit déjeuner dans ma chambre.
Quisiera desayunar en mi habitación.

Quand faut-il laisser la chambre ?
¿A qué hora hay que dejar la habitación?

Adjetivo I

En francés los adjetivos se pueden dividir en calificativos y determinativos, según la gramática tradicional. Los primeros son aquellos que expresan una manera de ser, una cualidad del ser o del objeto designado.

Un homme poli	Un hombre educado
Un arbre grand	Un árbol grande

El adjetivo en francés concuerda en género y número con el nombre al que acompaña.

Género

Al igual que para el sustantivo, el femenino del adjetivo se forma añadiendo una **-e** a la forma masculina:

Masculino	Femenino	
haut	*haute*	alto/a
noir	*noire*	negro/a

1. Reduplicación de la consonante final:

— Los adjetivos acabados en **-el**, **-eil**, así como *nul* y *gentil*, duplican la **l** ante la **e** del femenino:

cruel	*cruelle*	cruel
vermeil	*vermeille*	bermejo/a
nul	*nulle*	nulo/a
gentil	*gentille*	simpático/a

2. Modificación de la vocal o de la consonante final:

— Los adjetivos acabados en **-er** forman el femenino en **-ère**:

léger	*légère*	ligero/a

— Los adjetivos acabados en **-eux** forman el femenino en **-euse**:

hereux	*hereuse*	feliz

— Los acabados en **-f** se transforman en **-ve** en femenino:

vif	*vive*	vivo/a

— Los adjetivos acabados en **-eur** tienen una terminación especial para el femenino, como ya hemos visto con los nombres:

menteur	*menteuse*	mentiroso/a

Algunos de estos, sin embargo, en femenino acaban en **-trice**:

protecteur	*protectrice*	protector/a

Número

El plural de los adjetivos se forma añadiendo una **-s** al singular:

Singular	**Plural**	
une femme jolie	*des femmes jolies*	mujeres bonitas
un chien mince	*des chiens minces*	perros flacos

Sin embargo, los terminados en **-eau** añaden una **-x**:

beau	*beaux*	bello/s
nouveau	*nouveaux*	nuevo/s

Los acabados en **-al**, por lo general, se transforman en **-aux**:

brutal	*brutaux*	brutal/es
loyal	*loyaux*	leal/es

Salvo algunos casos en que no ocurre así:

fatal	*fatals*	fatal/es
naval	*navals*	naval/es

Permanecen invariables los adjetivos terminados en **-s** o **-x**:

français	*français*	francés/franceses
hereux	*hereux*	feliz/felices

Grados del adjetivo: comparativo y superlativo

Comparativo de igualdad

*Pierre est **aussi** savant **que** Paul.*
Pedro es tan sabio como Pablo.

Comparativo de superioridad

*Pierre est **plus** savant **que** Paul.*
Pedro es más sabio que Pablo.

Comparativo de inferioridad

*Pierre est **moins** savant **que** Paul.*
Pedro es menos sabio que Pablo.

El superlativo expresa la cualidad en su grado más alto o más bajo en relación con el ser o el objeto de que se trata, por lo que también habrá que distinguir entre superlativo de superioridad y superlativo de inferioridad:

Superlativo de superioridad

Le plus humble *des* hommes.
El más humilde de los hombres.

Superlativo de inferioridad

Le moins humble *des* hommes.
El menos humilde de los hombres.

Ejercicios

Ejercicio 1. Escriba en femenino los siguientes adjetivos (regulares e irregulares):

1. *ouvert* («abierto») ....
2. *doux* («dulce») ....
3. *secret* («secreto») ....
4. *fermé* («cerrado») ....
5. *nouveau* («nuevo») ....
6. *gris* («gris») ....

Ejercicio 2. Escriba el plural de los siguientes adjetivos (regulares e irregulares):

1. *fatal* («fatal») ....
2. *initial* («inicial») ....
3. *bleu* («azul») ....
4. *épais* («grueso») ....
5. *blanche* («blanca») ....

Frases útiles

En la ciudad

Je voudrais une carte de la région.
Quería un mapa de la región.

Avez-vous des informations sur les sites touristiques ?
¿Tiene información sobre los sitios de interés turístico?

Le musée ouvre à quelle heure ?
¿A qué hora abre el museo?

Combien coûte l'entrée ?
¿Cuánto cuesta la entrada?

Y-a-t-il une réduction étudiant ?
¿Hay descuento para estudiantes?

Je peux prendre des photos ?
¿Puedo hacer fotos?

Je vais à la rue/place…
Voy a la calle/plaza…

Comment faire pour y aller ?
¿Cómo llego hasta allí?

Suivez tout droit jusqu'au carrefour et tournez à gauche.
Siga recto hasta el cruce y gire a la izquierda.

Pouvez-vous m'indiquer sur la carte… ?
¿Puede mostrarme en el mapa…?

Adjetivo II

Adjetivos posesivos

Existen adjetivos posesivos para todas las personas gramaticales. Veámoslo en el siguiente cuadro:

Pronombre personal	Adjetivo posesivo	
	Un solo objeto	Varios objetos
je	*mon/ma*	*mes*
tu	*ton/ta*	*tes*
il/elle	*son/sa*	*ses*
nous	*notre*	*nos*
vous	*votre*	*vos*
ils/elles	*leur*	*leurs*

Así diremos:

mon chien	mi perro
ma chienne	mi perra
mes chiennes	mis perras
son frère	su hermano (de él)
sa soeur	su hermana (de ella)
ses frères	sus hermanos

Adjetivos demostrativos

El adjetivo demostrativo francés es muy sencillo, pues sólo tiene una forma:

Singular:	masculino:	**ce**
	femenino:	**cette**
Plural:		**ces**

Ce garçon est sympathique.
Este chico es simpático.

Cette maison est grande.
Esta casa es grande.

Ces vieux sont tristes.
Esos viejos están tristes.

Cuando queremos indicar lejanía o proximidad respecto de la persona que habla, usamos las partículas **-ci**, **-là**, después del nombre.

Ce tissu-ci est joli.
Esta tela es bonita.
(La tela está cerca de la persona que habla)

Cette maison-là est horrible.
Aquella casa es horrible.
(La casa está lejos de la persona que habla)

Adjetivos numerales cardinales

Cierto número de adjetivos numerales son muy sencillos, como vamos a ver a continuación:

un	uno	*huit*	ocho	*quinze*	quince
deux	dos	*neuf*	nueve	*seize*	dieciséis
trois	tres	*dix*	diez	*vingt*	veinte
quatre	cuatro	*onze*	once	*trente*	treinta
cinq	cinco	*douze*	doce	*quarante*	cuarenta
six	seis	*treize*	trece	*cent*	cien
sept	siete	*quatorze*	catorce	*mille*	mil

El resto de los números se construyen por medio de yuxta-posiciones o coordinaciones que, a veces, son una adición:

dix-septiembre diecisiete (se suman 10 + 7)
dix-huit dieciocho (se suman 10 + 8)
vingt et un veintiuno (20 + 1)
trente et un treinta y uno (30 + 1)
trente-deux treinta y dos (30 + 2)
soixante-dix setenta (60 + 10)

Y en otras ocasiones, son una multiplicación:

quatre-vingts ochenta (se multiplica 4 × 20)
cinq cents quinientos (se multiplica 5 × 100)
deux mille dos mil (2 × 1000)

Hay un número en el que se dan dos casos, la adición y la multiplicación: *quatre-vingt-dix* = 4 × 20 + 10 = noventa.

Las horas

Para expresar la hora en francés, se usa la siguiente expresión:

Il est quatre heures.
Son las cuatro.

Hay que hacer notar que delante de la hora expresada se usa el impersonal **Il est**, que permanece siempre invariable:

Quelle heure est-il ? Il est deux heures.
¿Qué hora es? Son las dos.

Para expresar las doce del mediodía y las doce de la noche, se dice **midi** («Il est midi»), en el primer caso, y **minuit** («Il est minuit»), en el segundo.
Cuando se quiere indicar la hora en punto:

Il est cinq heures précises.
Son las cinco en punto.

Otra peculiaridad es la expresión **être à l'heure**, que significa «ser puntual».

Entre la hora en punto y la media hora después, se dice la hora seguida del número de minutos que hayan pasado:

Il est quatre heures vingt.
Son las cuatro y veinte.

Entre la media y la hora que viene, se dice la hora seguida de **moins** y los minutos que quedan hasta la siguiente:

Il est quatre heures moins vingt.
Son las cuatro menos veinte.

Respecto a los cuartos de hora, los minutos 15 y 45 se expresan con la palabra **quart** (**et quart** cuando pasa un cuarto de la hora, **moins le quart** cuando queda un cuarto para la hora):

Il est minuit et quart.
Son las doce y cuarto de la noche.

Il est onze heures moins le quart.
Son las once menos cuarto.

La media hora se expresa con **et demie**:

Quelle heure est-il ? Il est cinq heures et demie.
¿Qué hora es? Son las cinco y media.

La hora digital se expresa de otra manera (la hora más los minutos):

9:15 o 21:15   *Neuf heures quinze (neuf heures et quart)*
8:10 o 20:10   *Huit heures dix*

Para expresar anterioridad o posterioridad en el tiempo es útil conocer un par de expresiones:

Il est sorti il y a dix minutes.
Ha salido hace diez minutos.

Nous sortirons dans dix minutes.
Saldremos dentro de diez minutos.

Adjetivos numerales ordinales

premier (1er)	primero	*sixtième (6ème)*	sexto
deuxième (2ème)	segundo	*septième (7ème)*	séptimo
troisième (3ème)	tercero	*huitième (8ème)*	octavo
quatrième (4ème)	cuarto	*neuvième (9ème)*	noveno
cinquième (5ème)	quinto	*dixième (10ème)*	décimo

Esta estructura se repite con el resto de los números, que añaden **-ème** al número cardinal:

onzième (11ème)	undécimo	*vingtième*	vigésimo
douzième (12ème)	duodécimo	*treintième*	trigésimo

Y un largo etcétera.

Ejercicios

Ejercicio 1. Escriba el adjetivo posesivo correcto (**mon, ton, son, ma, ta, sa, notre, votre, leur, mes, tes, ses, nos, vos** o **leurs**):

Ej.: .... père et .... mère sont français.
Mon père et **ma** mère sont français.

1. .... fille n'écoute jamais .... conseils.
2. .... père n'est jamais allé en Australie ; .... patrie est la France.
3. .... enfants ne peuvent plus sortir ; .... voiture ne marche pas.
4. Il préfère garder .... indépendance et .... occupations variées.
5. .... étagère est trop basse.

Ejercicio 2. Escriba el adjetivo demostrativo correcto (**ce**, **cet**, **cette** o **ces**):

> *Ej.:* .... chemin passe derrière chez moi.
> **Ce** chemin passe derrière chez moi.

> 1. .... actrice joue dans beaucoup de films engagés.
> 2. .... arbre est trop haut, il faut le couper.
> 3. .... bateaux se trouvent tous dans le port de Marseille.
> 4. .... ville est fantastique pour les jeunes.
> 5. En été, ... discothèques sont ouvertes toute la nuit.

Frases útiles

Diversiones

Qu'est-ce qu'on peut faire le soir ?
¿Qué se puede hacer por la noche?

Y a-t-il un programme des spectacles ?
¿Hay una guía local de espectáculos?

Où est-ce qu'on peut danser ?
¿Dónde se puede bailar?

Qu'est-ce qu'il y a au théâtre/cinéma ?
¿Qué hay en el teatro/cine?

Je n'aime pas les films d'action.
No me gustan las películas de acción.

J'aime bien cette pièce.
Esta obra me gusta.

Le film commence à quelle heure ?
¿A qué hora comienza la película?

Je voudrais cinq billets pour la séance de ce soir.
Quiero cinco entradas para la sesión de noche.

Voudrais-tu aller prendre un verre ?
¿Te gustaría ir a beber algo?

C'est ma tournée.
Yo pago esta ronda.

Adjetivo III

Adjetivos interrogativos y exclamativos

Los adjetivos *cuál/es* y *qué*, con valor interrogativo y exclamativo, presentan las siguientes formas:

Singular		Plural	
Masculino	Femenino	Masculino	Femenino
quel	*quelle*	*quels*	*quelles*

Preceden al verbo **être** («ser») o a un **nombre** y siempre concuerdan en género y número con el nombre al que se refieren.

Quelle est ta voiture ?
¿Cuál es tu coche?

Quel disque écoutes-tu ?
¿Qué disco escuchas?

Quels beaux tableaux !
¡Qué cuadros más bonitos!

Quelles jolies filles !
¡Qué chicas más guapas!

Adjetivos indefinidos

Las cantidades

Nada	Indefinida	Totalidad
aucun(e)	*quelques*	*tous, toutes*
ningún(a)	algunos(as)	todos(as)
nul(nulle)	*plusieurs*	*tout(e)*
ningún(a)	varios(as)	todo(a)/cada
pas un(e)	*certain(e)s*	*chaque*
ni uno(a)	ciertos(as)	cada

• **Aucun**, **nul**, **pas un** van siempre acompañados de la negación **ne**, pero no llevan la partícula negativa **pas**.

> *Je n'ai aucune chance.*
> No tengo ninguna posibilidad.

> *Je n'en ai nul besoin.*
> No tengo ninguna necesidad.

> *Pas une n'est venue.*
> No ha venido ni una.

• **Quelques** y **plusieurs** son invariables y se usan con **nombres plurales**.

> *Quelques enfants jouent dans la rue.*
> Algunos niños juegan en la calle.

> *Ils ont plusieurs problèmes.*
> Tienen varios problemas.

• **Certain(e)s** se usa casi siempre en plural; en singular va siempre precedido de **un**, **une**.

> *Certains films me passionnent.*
> Ciertas películas me apasionan.

Dans certaines régions du Nord on boit du cidre.
En ciertas regiones del norte se bebe sidra.

- **Tous, toutes** significa «todos, todas».

Tous mes amis le savaient.
Todos mis amigos lo sabían.

Il connaît toutes les régions de la France.
Conoce todas las regiones de Francia.

- **Tout(e)** tiene el valor de *todo* o *cualquier.*

Il connaît tout le pays.
Conoce todo el país.

Adressez-moi tout renseignement utile.
Mándame cualquier información útil.

- **Chaque** se traduce por *cada* cuando expresa **individualidad** y por *todo(a)* cuando expresa **universalidad**.

Chaque peuple a ses lois.
Cada pueblo tiene sus leyes.

Chaque citoyen doit respecter la loi.
Todo ciudadano debe respetar la ley.

- **Tous, toutes** seguido de un número significa **cada**.

Je joue au tennis tous les 5 jours.
Juego a tenis cada cinco días.

Tu dois prendre ce médicament toutes les 8 heures.
Debes tomar este medicamento cada ocho horas.

Indeterminación (cualquier/a)

quelconque(s)	n'importe quel/quelle/quels/quelles	quelque(s) qui/que

• **Quelconque(s)** y **n'importe quel/quelle/quels/quelles** se usan en relación con un solo verbo. **Quelconque(s)** va detrás del nombre determinado por un artículo o un número y **n'importe quel/quelle** va delante del nombre.

> *J'achèterai une revue quelconque.*
> Compraré una revista cualquiera.

> *J'achèterai n'importe quelle revue.*
> Compraré cualquier revista.

• **Quelque qui**, con valor de sujeto, y **quelque que**, con valor de complemento, van delante del sustantivo seguido de un verbo en subjuntivo, dependiente de una oración principal.

> *Quelque soit la distance qui nous sépare, je pense à toi.*
> Independientemente de la distancia que nos separe, pienso en ti.

> *Quelques folies que je fasse, pardonnez-moi.*
> Haga las locuras que haga, perdonadme.

Identidad y diversidad

même(s) («mismo») **tel/telle/telles** («tal, tanto») **autre(s)** («otro»)

• **Même** tiene valor de *mismo* si va delante de un nombre o de *en persona* si va detrás de un nombre o un pronombre unido con un guión.

> *Ils ont les mêmes yeux.*
> Tienen los mismos ojos.

> *Le roi même descendit dans la rue.*
> El rey en persona bajó a la calle.

> *Je le ferai moi-même.*
> Lo haré yo mismo.

Cuando **même(s)** expresa idea de igualdad entre dos términos, el segundo se introduce con **que**, igual que en las oraciones comparativas.

Il a le même regard que sa mère.
Tiene la misma mirada que su madre.

• **Tel** va precedido generalmente por el artículo indeterminado, aunque no siempre ocurre así.

On entend un tel bruit !
¡Se oye tanto ruido!

Tel j'étais, tel je suis resté.
Tal como era, así me he quedado.

Cuando **tel** expresa una idea de comparación siempre va seguido de **que**.

Je suis tel que vous me connaissez.
Soy tal como me conocéis.

• **Autre(s)** va siempre precedido de un determinante, como **mes** o **un**.

Qui a pris mes autres livres ?
¿Quién ha cogido mis otros libros?

Donne-moi un autre journal.
Dame otro periódico.

En las frases con valor **partitivo** y en las frases **negativas** el adjetivo **autre(s)** va siempre precedido de **d'**.

Nous en avons acheté d'autres.
Compramos de los otros.

Il n'a pas d'autres amis.
No tiene otros amigos.

Ejercicios

Ejercicio 1. Sustituya los puntos por el adjetivo indefinido apropiado (**quelque, aucun, autre, certain, chaque, tout, même, n'importe quel, plusieurs, quelconque** o **nul**):

Ej.: Je n'ai .... chance de gagner.
Je n'ai **aucune** chance de gagner.

1. J'a vu .... films de Jean Cocteau.
2. .... mes amis parlent couramment français.
3. .... pays me passionnent.
4. Je joue au tennis .... les semaines.

Ejercicio 2. Sustituya los puntos por el adjetivo indefinido apropiado (**quelque, aucun, autre, certain, chaque, tout, même, n'importe quel, plusieurs, quelconque** o **nul**):

Ej.: J'achèterai une voiture ....
J'achèterai une voiture **quelconque**.

1. .... passager n'a pris l'avion pour Venise.
2. .... matin je prends le métro.
3. Prends ton parapluie! Je n'en ai .... besoin.
4. J'achèterai .... voiture.
5. Céline et sa mère ont les .... yeux.

Frases útiles

En el restaurante

J'ai une table réservée au nom de…
Tengo una mesa reservada a nombre de…

Je meurs de faim.
Me muero de hambre.

Est-ce que vous pouvez me recommander un restaurant ?
¿Puede recomendarme un restaurante?

Je voudrais réserver une table pour deux personnes.
Quería reservar una mesa para dos personas.

Où voulez-vous vous asseoir ?
¿Dónde desean sentarse?

Vous désirez ?
¿Qué les apetece?

Est-ce que je peux voir la carte, s'il vous plaît ?
¿Puedo ver el menú, por favor?

Vous avez choisi ?
¿Han escogido?

Oui, deux salades du chef, s'il vous plaît.
Sí, dos ensaladas del chef, por favor.

Un filet mignon et une sole meunière.
Un filete y un lenguado a la *meunière*.

L'addition, s'il vous plaît.
La cuenta, por favor.

Pronombres

Pronombres personales

Los pronombres personales designan:

— a la persona que habla;
— a la persona a la que se habla;
— al ser o a la cosa de que se habla.

En el primer caso se trata de los pronombres personales sujeto: **je**, **tu**, **il/elle**, **nous**, **vous**, **ils/elles**.

En el segundo y tercer casos, se trata de los pronombres personales de objeto directo e indirecto, que vamos a analizar a continuación.

En el cuadro siguiente aparecen los pronombres personales complementos:

	1.ª pers. masc./fem.	2.ª pers. masc./fem.	3.ª pers. masc./fem.	Reflexivo
Obj. directo	me	te	le/la	se
Obj. indir. (sin prep.)	me	te	lui	se
Compl. prep.	moi	toi	lui/elle	soi
Y para el plural				
Obj. directo	nous	vous	les	se
Obj. indir. (sin prep.)	nous	vous	leur	se
Compl. prep.	nous	vous	eux/elles	soi

Para el uso de estos pronombres personales conviene tener en cuenta unas normas gramaticales sencillas:

1. El pronombre personal de objeto directo o indirecto sin preposición se coloca normalmente delante del verbo (delante del auxiliar en los tiempos compuestos). Y adopta, por tanto, las formas llamadas *átonas* o *débiles*:

Nous le voyons.
Lo vemos.

On nous a vus.
Nos han visto.

Nous leur obéirons.
Les obedeceremos.

2. El pronombre personal complemento preposicional se coloca normalmente detrás del verbo y siempre en su forma tónica o fuerte:

Vous allez à lui.
Vais hacia él.

Je prierai pour toi.
Rogaré por ti.

3. Cuando el verbo va precedido por dos pronombres personales, se coloca siempre el indirecto en primer lugar:

Ces fautes, je te les pardonne.
Esas faltas, yo te las perdono.

Je vous le dis.
Yo se lo digo.

Sin embargo, con **lui** y **leur** ocurre al revés (directo primero e indirecto después):

Je le lui dis.
Yo se lo digo (a él).

Je le leur dis.
Yo se lo digo (a ellos).

4. Cuando un infinitivo es objeto de un verbo que lo precede, el pronombre personal objeto de ese infinitivo se coloca justo delante del infinitivo:

Je veux la voir.
Quiero verla.

Il saura me comprendre.
Él sabrá comprenderme.

Por la complejidad que presenta este apartado, es recomendable practicar sustituyendo los objetos directo e indirecto por sus correspondientes pronombres:

Je donne la chaise à Julie.
Je la lui donne.

Je donne les livres à Julie.
Je les lui donne.

Je donne les livres aux élèves.
Je les leur donne.

Je vous donne le libre.
Je vous le donne.

Il me donne la chaise.
Il me la donne.

Estos casos de doble complemento son los más complicados. En cambio, cuando el verbo no lleva más que un complemento, es más sencillo:

Tu as vu les garçons ? Oui, je les ai vus.
¿Has visto a los chicos? Sí, los he visto.

> *Il a allumé une cigarette : Il l'a allumée.*
> Ha encendido un cigarrillo: lo ha encendido.

Pronombres relativos

Los pronombres relativos unen dos cláusulas, la segunda de las cuales, llamada proposición subordinada de relativo, explica o determina al sujeto de la primera, que es el antecedente del pronombre relativo.

Los pronombres relativos presentan formas simples y compuestas:

— las formas simples son: **qui**, **que**, **quoi**, y son invariables;
— las formas compuestas son: **lequel**, **duquel**, **auquel**, y son variables; así, **lequel**, **laquelle**, **lesquels**, **lesquelles**, etc., no son más que formas distintas del mismo pronombre, **lequel**.

Existen dos pronombres relativos que son considerados como formas simples: **où** («en donde») y **dont** («del cual, de la cual», etc.). De las formas simples, **qui**, **que**, **quoi**, hay que resaltar que **qui** se usa siempre en función de sujeto y **que** y **quoi** en funciones de objeto directo o indirecto.

> *La femme qui hurlait était ma voisine.*
> La mujer que gritaba era mi vecina.
>
> *La chambre que j'ai louée me plaît beaucoup.*
> La habitación que he alquilado me gusta mucho.

Veamos ahora dos ejemplos del uso de **dont** y **où**:

> *La femme dont j'étais amoureux m'a trahi.*
> La mujer de la que estaba enamorado me ha traicionado.
>
> *La maison oú je suis née était près d'ici…*
> La casa en que nací estaba cerca de aquí…

Pronombres posesivos

Singular		Plural	
Masculino	**Femenino**	**Masculino**	**Femenino**
le mien	*la mienne*	*les miens*	*les miennes*
(«el mío»)	(«la mía»)	(«los míos»)	(«las mías»)
le tien	*la tienne*	*les tiens*	*les tiennes*
(«el tuyo»)	(«la tuya»)	(«los tuyos»)	(«las tuyas»)
le sien	*la sienne*	*les siens*	*les siennes*
(«el suyo»)	(«la suya»)	(«los suyos»)	(«las suyas»)
le nôtre	*la nôtre*	*les nôtres*	*les nôtres*
(«el nuestro»)	(«la nuestra»)	(«los nuestros»)	(«las nuestras»)
le vôtre	*la vôtre*	*les vôtres*	*les vôtres*
(«el vuestro»)	(«la vuestra»)	(«los vuestros»)	(«las vuestras»)
le leur	*la leur*	*les leurs*	*les leurs*
(«el suyo»)	(«la suya»)	(«los suyos»)	(«las suyas»)

Los pronombres posesivos llevan siempre delante un **artículo determinado** y la **preposición articulada**.

C'est ton opinion, ce n'est pas la mienne.
Es tu opinión, no es la mía.

Le tien ? Mais il est là.
¿El tuyo? Pero si está allí.

Con las preposiciones **à** y **de** se produce la fusión habitual entre los artículos **le** y **les** y la **preposición**.

Tu as écrit à tes parents, mais moi je n'ai pas encore écrit aux miens.
Tú has escrito a tus padres, pero yo todavía no he escrito a los míos.

Para **expresar la posesión** se pueden usar los adjetivos o los pronombres posesivos, pero a la pregunta:

À qui est-il/elle ? ¿De quién es?
À qui sont-ils/elles ? ¿De quién son?

Se responde con el **pronombre personal** en forma tónica precedido de la preposición **à**:

C'est ta valise ? Oui, c'est la mienne.
¿Es tu maleta? Sí, es la mía.

A qui est cette maison ? Elle est à moi.
¿De quién es esta casa? Es mía.

A qui sont ces livres ? Ils sont à eux.
¿De quién son estos libros? Son suyos.

En cambio, si en lugar del propietario se quiere indicar e autor, se usa la preposición **de**.

De qui est Madame Bovary ? De Flaubert.
¿De quién es Madame Bovary? De Flaubert.

Pronombres demostrativos

Singular		Plural	
Masculino	Femenino	Masculino	Femenino
celui-ci	*celle-ci*	*ceux-ci*	*celles-ci*
(«este»)	(«esta»)	(«estos»)	(«estas»)
celui-là	*celle-là*	*ceux-là*	*celles-là*
(«aquel»)	(«aquella»)	(«aquellos»)	(«aquellas»)

Prête-moi ce disque-ci, celui-là je le connais déjà.
Préstame este disco, aquel ya lo conozco.

Je préfère celle-là.
Prefiero aquella.

Ceux-ci sont mes amis les plus chers.
Estos son mis amigos más queridos.

Los pronombres demostrativos generalmente van acompa ñados de las partículas **ci** o **là**, pero se omiten cuando van se guidos de:

— un pronombre relativo;

Quelle jupe voulez-vous ? Celle qui est dans la vitrine.
¿Qué falda quiere? Aquella que está en el escaparate.

— un complemento;

Donnez-moi celui en laine.
Deme el de lana.

— un participio pasado.

Lis cet article-ci et ceux parus dans Le Monde.
Lee este artículo y los publicados en *Le Monde*.

Pronombres demostrativos neutros

Se usan de manera indeterminada y corresponden a *lo, esto, aquello, aquella cosa*. Son: **ceci**, **cela**, **ça**.

• **Ceci** indica algo próximo o todavía no nombrado, **cela** indica algo lejano o ya nombrado y **ça** (contracción de **cela**) se usa en el lenguaje familiar.

Retenez bien ceci : il faut étudier.
Recordad bien esto: hay que estudiar.

Il faut étudier : retenez bien cela.
Hay que estudiar: recordadlo bien.

Il n'aime pas ça.
Esto no le gusta.

• El demostrativo **ça** se usa en expresiones idiomáticas bastante frecuentes, y a menudo acompaña a adverbios interrogativos.

Salut, ça va ?
Hola, ¿qué tal?

Il cria: « Ça suffit ! »
Él gritó: ¡Basta!

Ça alors ! C'est inadmissible !
Hasta aquí podríamos llegar… ¡Es inadmisible!

• Los demostrativos neutros se contraen y se convierten en **ce** delante de un pronombre relativo o de los verbos **être, pouvoir** o **devoir**.

Je ne comprends pas ce qu'il dit.
No entiendo lo que dice.

C'est normal.
Es normal.

Ce doit être possible.
Debe ser posible.

Pronombres interrogativos

Pueden ser **variables** o **invariables**. Los **variables** se refieren a personas o a cosas ya nombradas.

Singular		Plural	
Masculino	Femenino	Masculino	Femenino
lequel ?	*laquelle ?*	*lesquels ?*	*lesquelles ?*
(«cuál»)	(«cuál»)	(«cuáles»)	(«cuáles»)

Se usan tanto en las oraciones interrogativas directas como en las indirectas.

Lequel de ces fromages préfères-tu ?
¿Cuál de estos quesos prefieres?

Dis-moi lesquels tu préfères.
Dime cuáles prefieres.

Las preposiciones **à** y **de** se fusionan con los artículos **le** y **les**.

Auquel de ces élèves s'est-il adressé ?
¿A cuál de estos alumnos se dirigió?

Desquelles te sers-tu ?
¿Cuáles utilizas?

Los pronombres interrogativos **invariables** introducen en la frase un nuevo elemento y presentan varias formas.

Pronombres interrogativos invariables			
		Interrogativas directas	*Interrogativas indirectas*
	sujeto	qui ?	qui
		qui est-ce qui ?	
¿Quién?	complemento directo	qui ?	qui
		qui est-ce que ?	
	complemento indirecto	qui ?	qui
		qui est-ce que	
	sujeto	qu'est-ce qui ce	qui
¿Qué?	complemento directo	que	ce que
		qu'est-ce que ?	
	complemento indirecto	quoi ?	à quoi
		à/de quoi est-ce que ?	

Como se puede observar en la tabla anterior, algunos pronombres presentan dos formas en las oraciones interrogativas directas: una simple, que invierte el sujeto y el verbo, y una compuesta, que no lo hace. Además, la inversión no se realiza nunca en las interrogativas indirectas.

Cuando los pronombres interrogativos van seguidos inmediatamente del signo de interrogación o de un verbo en infinitivo, se usa **qui** para seres **animados** y **quoi** para **inanimados**.

Qui ? Mais lui !
¿Quién? ¡Pues él!

Quoi ? Tu as tout mangé ?
¿Qué? ¿Te lo has comido todo?

¿Quién es?, ¿quiénes son? se traducen por **qui est-ce ?** en las oraciones interrogativas directas y por **qui c'est** en las indirectas.

Qui est-ce ? Ce sont mes amis.
¿Quiénes son? Son mis amigos.

Dis-moi qui c'est.
Dime quién es.

¿Qué es?, ¿qué son? se traducen por **qu'est-ce que c'est ?** en las interrogativas directas y por **ce que c'est** en las indirectas.

Qu'est-ce que c'est ? Ce sont des verres.
¿Qué son? Son vasos.

Je veux savoir ce que c'est.
Quiero saber qué es.

¿Qué es?, ¿qué son? seguidos por un sustantivo se traducen por **qu'est-ce que** o **qu'est-ce que c'est que** en las proposiciones interrogativas directas y por **ce que c'est que** en las indirectas.

Qu'est-ce que le pâté ?
¿Qué es el paté?

Qu'est-ce que c'est que l'histoire ?
¿Qué es la historia?

Je ne sais pas ce que sont les fractions.
No sé qué son las fracciones.

Pronombres indefinidos

Identidad indefinida

| quelqu'un/une («alguien») | quelque chose («algo») | on («se») |

As-tu rencontré quelqu'un ?
¿Has encontrado a alguien?

Vous prenez quelque chose à boire ?
¿Tomáis algo para beber?

El pronombre **on** se usa sólo como sujeto, y siempre va seguido del verbo en **tercera persona del singular**, aunque puede representar una sola persona o un grupo indeterminado. Es un pronombre **masculino singular**. Sin embargo, cuando se refiere a varias personas, el adjetivo o el participio que va detrás concuerda en género y número con el nombre al que se refiere. En el lenguaje familiar, **on** sustituye a menudo al sujeto **nous**.

On dit qu'il a épousé une belle femme.
Se dice que se ha casado con una mujer bella.

Quand on est tristes, c'est bien de se promener.
Cuando se está triste, conviene dar un paseo.

On s'est levées tard ce matin.
Esta mañana nos hemos levantado tarde.

Cantidad nula o totalidad

aucun/e	nul/personne	rien
(«ninguno/a»)	(«nadie»)	(«nada»)
chacun/e	tout/e/tous/toutes	tout le monde
(«cada uno/a»)	(«todo/a/todos/as»)	(«todo el mundo»)

Los pronombres **aucun/e**, **nul**, **personne**, **rien** tienen valor negativo y, por lo tanto, van siempre acompañados de la negación **ne** (sin **pas**).

• **Aucun/e** es un pronombre cuando no va seguido de ningún sustantivo y se refiere siempre a una persona o cosa ya nombrada.

Aucune d'elles n'est arrivée en retard.
Ninguna de ellas llegó tarde.

De mes cahiers, je n'en ai aucun.
No tengo ninguno de mis cuadernos.

• **Nul** y **personne** se refieren a personas indeterminadas y **personne** puede ir acompañado de un adjetivo calificativo precedido de la preposición simple **de**.

Nul n'est censé ignorer la loi.
A nadie le está permitido desconocer la ley.

Personne ne me l'a dit.
Nadie me lo ha dicho.

Je ne connais personne de vraiment gentil.
No conozco a nadie realmente amable.

• **Rien** se refiere a una cosa indeterminada, y también puede i
acompañado de un adjetivo calificativo precedido de la preposición **de**.

Nous ne voulons plus rien.
Nosotros no queremos nada más.

Il n'y a jamais rien de nouveau.
No hay nunca nada nuevo.

• Los pronombres **chacun/e**, **tout/e**, **tous/toutes**, **tout le monde**
expresan la totalidad o pueden tener valor distributivo.

Chacun/e se refiere a una persona o cosa tomada en la propia individualidad.

Chacun a ses problèmes.
Cada cual tiene sus problemas.

Chacune de ces émotions a été très forte.
Cada una de estas emociones ha sido muy fuerte.

Tout/e/tous/toutes se refieren a personas o cosas ya enun-
ciadas. El plural masculino **tous** se pronuncia con la **s** final.

Il dit tout à ses parents.
Se lo cuenta todo a sus padres.

Ces gravures ? Achetez-les toutes.
¿Estos grabados? Cómpralos todos.

C'est à nous tous qu'il s'est adressé.
Ha sido a todos nosotros a quienes se ha dirigido.

Tout le monde tiene un sentido general y no se refiere a ningún término ya enunciado. Exige un verbo en **tercera persona del singular**.

Tout le monde sait le faire.
Todo el mundo sabe hacerlo.

Je te présenterai à tout le monde.
Te presentaré a todo el mundo.

Cantidad indeterminada

certains/certaines	**quelques-uns/unes**
(«algunos/as»)	(«algunos/as – unos/as cuantos/as»)
plusieurs/maints(es)	**beaucoup**
(«varios/as»)	(«muchos/as»)

● **Certains/es** se usa preferentemente en plural y suele ir junto con el pronombre **d'autres** («otros»).

Certains ont nagé, d'autres ont plongé.
Algunos han nadado, otros han saltado.

● **Quelques-uns** y **quelques-unes**, si son sujeto de la oración, van siempre seguidos de un verbo en tercera persona del plural.

Quelques-uns sont arrivés en retard.
Algunos llegaron con retraso.

J'en prends quelques-unes.
Cojo unas cuantas.

● **Plusieurs** (invariable) y **maint** (variable y utilizado sólo en el registro lingüístico culto) tienen respectivamente el significado de «vario/a/s, más de uno/a».

Il a plusieurs problèmes à résoudre.
Tiene varios problemas por resolver.

• **Beaucoup** (invariable) es un pronombre indefinido cuando significa «mucha gente, muchas cosas».

Beaucoup sont de notre avis.
Muchos opinan como nosotros.

Indeterminación

Estos pronombres pueden referirse a personas o a cosas y tienen el significado de «sea cual sea, quienquiera».

Personas	Cosas
quel/le que («cualquiera»)	quel/le que («cualquiera»)
n'importe qui/quiconque	n'importe quoi
(«quienquiera, cualquiera»)	(«cualquier cosa»)
qui que («quienquiera»)	quoi que («cualquier cosa»)

• **Quel que/quelle que** se refiere a personas y cosas, y se usa delante de **être**, que a su vez puede ir precedido de *poder, querer* o *deber* en subjuntivo.

Quel que soit ton avis, dis-le-moi.
Sea cual sea tu opinión, dímela.

Quelle que puisse être sa vie, je ne le juge pas.
Sea como sea su vida, no la juzgo.

• **N'importe qui** se refiere a personas y se usa en relación con un solo verbo.

Tu peux t'adresser à n'importe qui.
Puedes dirigirte a cualquiera.

• **Quiconque** se refiere a personas y se usa en relación con dos verbos. El verbo de la proposición subordinada debe estar en el mismo modo y tiempo que el de la oración principal, que puede ser indicativo o condicional, pero nunca subjuntivo.

On écoutera quiconque nous parlera.
Se escuchará a quienquiera que nos hable.

Il détesterait quiconque j'aimerais.
Detestaría a quienquiera que a mí me gustara.

Ejercicios

Ejercicio 1. Sustituya el sustantivo complemento directo por el pronombre personal más apropiado:

> *Ej.:* Paul a rencontré son vieil ami hier.
> Paul **l**'a rencontré hier.

1. Je connais Henri depuis longtemps.

....

2. Je connais Isabelle depuis toujours.

....

3. Je connais Jean-Pierre et Marie depuis l'été 2000.

....

4. Mon mari laisse toujours la clé dans la voiture.

....

5. Charlotte parle l'anglais et l'allemand très bien.

....

Ejercicio 2. Introduzca el pronombre relativo **qui** o **que**:

> *Ej.:* Paul, ... est parti hier pour l'Amérique, ne parle pas l'anglais.
> Paul, qui est parti hier pour l'Amérique, ne parle pas l'anglais.
> *Ej.:* Paul, ... j'ai rencontré chez les Trouffaut, ne parle pas l'anglais.
> Paul, que j'ai rencontré chez les Trouffaut, ne parle pas l'anglais.

1. La boisson .... vous buvez est-elle fraîche ?
2. Les footballeurs .... j'ai vus jouer au stade sont vraiment des champions.
3. Les entreprises .... vendent surtout à l'étranger n'ont pas ressenti la crise.
4. Nous avons perdu la clé .... mon mari laisse toujours dans la voiture.
5. Isabelle, ... a acheté un nouveau portable il y a un mois, l'a déjà vendu à une de ses amies.

Ejercicio 3. Sustituya los puntos por el pronombre indefinido apropiado (**on, rien, personne, aucun, beaucoup, chacun, quelqu'un, certains, plusieurs, tout, pas même** o **autres**):

Ej.: .... ne sert de courir: il faut partir à temps !
Rien ne sert de courir: il faut partir à temps !

1. .... n'a pas le temps.
2. .... sont arrivés en retard.
3. L'égoïste n'aime ....
4. Il ne faut .... dire.

Frases útiles

De compras

Où puis-je acheter… ?
¿Dónde puedo comprar…?

J'aime bien cette robe.
Me gusta este vestido.

Mademoiselle, vous avez ce modèle en noir seulement ?
Señorita, ¿este modelo sólo lo tiene en negro?

Je le prends. Il est à combien ?
Me lo quedo. ¿Cuánto cuesta?

Je cherche des chaussures.
Busco unos zapatos.

Montrez-moi celles de la vitrine.
Enséñeme los del escaparate.

Ces chaussures sont trop serrées.
Estos zapatos son demasiado estrechos.

Je voudrais voir des boucles d'oreille/bagues/pendentifs/colliers de perles.
Quisiera ver pendientes/sortijas/colgantes/collares de perlas.

Avez-vous une carte routière ?
¿Tiene un mapa de carreteras?

Où se trouve le rayon des livres de voyage ?
¿Dónde está la sección de libros de viaje?

Preposiciones

Uso de las preposiciones más importantes

Vamos a referirnos brevemente a algunas de las principales preposiciones, las que más útiles pueden resultar.

• **Sur** se emplea para indicar que algo toca una superficie:

Le café est sur la table.
El café está sobre la mesa.

La femme pose son sac sur le sable.
La mujer deja su bolso en la arena.

• **Dans** indica algo que está dentro de ciertos límites espaciales:

Les allumettes sont dans la boîte.
Las cerillas están dentro de la caja.

Dans la région de Valence il a beaucoup de riz.
En la región de Valencia hay mucho arroz.

• **À** tiene múltiples usos, pero los más importantes son:

— dirección:

Je vais à Paris.
Voy a París.

— pertenencia:

Ce crayon est à lui.
Este lápiz es suyo.

— lugar:

Vous habitez à la champagne.
Vivís en el campo.

— tiempo:

Au printemps, les fleurs poussent.
En primavera salen las flores.

• **En** indica también lugar, pero, a diferencia de **à**, que suele ir seguida de un nombre de ciudad, **en** va seguida de un nombre de país:

Je suis en France.
Estoy en Francia.

Je suis à Paris.
Estoy en París.

• **De** puede indicar:

— procedencia:

Je viens de la ville.
Vengo de la ciudad.

— pertenencia:

La bicyclette de Jean ne marche pas.
La bicicleta de Juan no funciona.

• En francés existe una preposición muy curiosa que no tiene equivalente en nuestra lengua y que merece destacarse por el uso casi universal que se le ha dado: **chez**. Se usa para indicar «en casa de»:

J'ai été chez mon père.
He estado en casa de mi padre.

Ils viennent de chez Marie.
Vienen de casa de María.

Esta preposición ha dado la vuelta al mundo porque se ha usado mucho como nombre típico de los restaurantes franceses. En cualquier ciudad del mundo es corriente ver: *Restaurant chez Pierre*, y todo el mundo identifica su sentido.

Ejercicios

Ejercicio 1. Escriba la preposición articulada correcta (**au, à l', à la, aux, du, de l', de la** o **des**):

1. *Les fenêtres* .... *maison*. (Las ventanas de la casa).
2. *Je suis allé* .... *gare*. (He ido a la estación).
3. *La porte* .... *appartement*. (La puerta del apartamento).
4. *Les jouets* ....*enfants*. (Los juguetes de los niños).
5. *J'ai mal* .... *bras*. (Me duele el brazo).

Ejercicio 2. Escriba la preposición simple o articulada más apropiada (**à, de, dans, chez, en** o **sur**):

Ej.: Je suis .... maison. Je suis **à la** maison.

1. La voiture est .... rue.
2. La robe est .... la chaise.
3. À Paris j'habite .... une amie.
4. J'ai une pièce .... 2 euros.
5. Jean a acheté une voiture .... Peugeot.

Frases útiles

En el banco

À quelle heure ouvre la banque ?
¿A qué hora abre el banco?

Je voudrais changer des chèques de voyage.
Quería cambiar cheques de viaje.

Où est-ce que je peux retirer de l'argent ?
¿Dónde puedo sacar dinero?

Où est le guichet automatique le plus proche ?
¿Dónde está el cajero automático más cercano?

J'ai oublié mon code confidentiel.
He olvidado mi número secreto.

Le distributeur automatique a avalé ma carte de crédit.
El cajero automático ha retenido mi tarjeta.

J'ai perdu ma carte de crédit.
He perdido mi tarjeta de crédito.

Est-ce que mon virement est arrivé ?
¿Ha llegado mi transferencia?

Où est le bureau de change le plus proche ?
¿Dónde está la oficina de cambio más cercana?

Oú dois-je signer ?
¿Dónde tengo que firmar?

Adverbios

El lugar de los adverbios en la frase a menudo es variable; no obstante, por regla general se dan dos casos:

1. Cuando el verbo está en un tiempo simple, el adverbio se coloca detrás del verbo.

2. Cuando el verbo está en un tiempo compuesto, el adverbio se coloca entre el auxiliar y el participio.

Existen muchos tipos de adverbios, pero vamos a ver los más corrientes y, por tanto, los más útiles para la persona que se está iniciando en este idioma.

Adverbios de modo

Los más usuales son:

ainsi	así
mieux	mejor
ensemble	juntos
bien	bien
mal	mal
comment ?	¿cómo?

Y además muchos adverbios acabados en **-ment**, que son aquellos que se han formado a partir de un adjetivo e indican el modo en que se realiza la acción:

Il mange rapidement.
Come rápidamente.

Tu manges lentement.
Comes lentamente.

Elle marche doucement.
Ella anda suavemente.

Nous mangeons ensemble.
Comemos juntos.

Il écrit bien.
Escribe bien.

Nous sommes mieux ici.
Estamos mejor aquí.

Comment faites-vous l'omelette ?
¿Cómo hace usted la tortilla?

Adverbios de cantidad

assez	bastante
beaucoup	mucho
très	muy
aussi	también
peu	poco
trop	demasiado

Elle parle assez bien l'anglais.
Habla bastante bien el inglés.

Je mange trop de chocolat.
Como demasiado chocolate.

Il sort très peu ces jours-ci.
Sale muy poco estos días.

Il s'intéresse beaucoup à ton affaire.
Se interesa mucho por tu negocio.

Adverbios de tiempo

alors	entonces
aujourd'hui	hoy
déjà	ya
hier	ayer
jamais	nunca
quand ?	¿cuándo?
après	después
avant	antes
demain	mañana
maintenant	ahora
parfois	a veces
toujours	siempre

Hier nous avions une fête chez Marie.
Ayer teníamos una fiesta en casa de María.

Aujourd'hui il fait mauvais temps.
Hoy hace mal tiempo.

Demain nous irons à la plage.
Mañana iremos a la playa.

Après la pluie, le beau temps.
Después de la lluvia, el buen tiempo.

Maintenant il est plus difficile de trouver du travail.
Ahora es más difícil encontrar trabajo.

Los adverbios pronominales *en*, *y*

Desde el punto de vista etimológico, **en** e **y** son dos adverbios de lugar que significan «de allí» el primero y «allí» el segundo.

Sin embargo, con el tiempo han ido adoptando unos valores más amplios y actualmente se les llama *adverbios pronominales* por la multitud de funciones que pueden desempeñar. Veamos algunas de ellas.

• **En** puede significar «de allí», pero también «de él, de ella, de ellas, de ellos, de esto».

Vient-il de là-bas ?	*Oui, il en vient.*
¿Viene de allí?	Sí, viene de allí.
Sors-tu d'ici ?	*Oui, j'en sors.*
¿Sales de aquí?	Sí, salgo de aquí.
Vient-il de la ville ?	*Oui, il en vient.*
¿Viene de la ciudad?	Sí, viene de allí.
Il est fier de ses amis.	*Oui, il en est fier.*
Está orgulloso de sus amigos.	Sí, está orgulloso de ellos.
Il demande du pain.	*Il en demande.*
Pide pan.	Lo pide (de eso).
Il veut des frites.	*Il en veut.*
Quiere patatas fritas.	Quiere de eso.
Donnez nous de l'argent.	*Donnez nous-en.*
Dadnos dinero.	Dánoslo (de eso).

• **Y** puede significar «allí», pero también «a él, a ella, a ellos, a ellas, a eso».

Je vais à la gare.	*J'y vais.*
Voy a la estación.	Voy allí.
Est-il là bas ?	*Oui, il y est.*
¿Está allí?	Sí, allí está.
Nous allions à Paris.	*Nous y allions.*
Íbamos a París.	Allí íbamos.

Ils vont se promener au parc.
Van a pasear al parque.

Ils y vont.
Allí van.

La dame répond à la lettre.
La dama contesta la carta.

Elle y répondait.
Ella la contestaba (a la carta).

Ejercicios

Ejercicio 1. Escoja entre los siguientes adverbios de tiempo el más apropiado para cada oración (**après, parfois, jamais, aujourd'hui, toujours**):

1. ...., il s'arrête et regarde les enfants jouer.
2. Il ne prend .... le train pour aller à Lyon.
3. ...., il a un rendez-vous à Bruxelles.
4. Elle a ....de très bonnes idées.
5. Nous le rejoindrons à Rome .... les fêtes de noël.

Ejercicio 2. Escoja entre los siguientes adverbios de modo y de cantidad el más apropiado para cada oración (**terriblement, heureusement, beaucoup, rapidement, très**):

1. Elle a toujours .... de soucis.
2. Il faut partir .... du bureau.
3. Le livre de Marguerite Yourcenar est .... beau.
4. Ce voyage est .... cher pour si peu de jours.
5. ...., l'avion est arrivé à l'heure.

Frases útiles

Solicitar información

Je ne peux pas trouver/voir/comprendre…
No puedo encontrar/ver/entender…

J'aimerais bien savoir…
Me gustaría saber…

Pouvez-vous m'indiquer/m'aider ?
¿Puede decirme/ayudarme?

Pouvez-vous me dire quand est-ce que nous arriverons à… ?
¿Me puede decir cuándo llegaremos a…?

Où peut-on acheter un billet ?
¿Dónde se puede comprar un billete?

C'est combien ?
¿Cuánto cuesta?

Le trajet dure combien de temps ?
¿Cuánto dura el viaje?

Je peux vous demander un service ?
¿Puedo pedirle un favor?

Vous êtes très aimable.
Es muy amable.

Où est le bureau d'information ?
¿Dónde está la oficina de información?

Conjunciones
e interjecciones

Conjunciones

La conjunción es una palabra invariable que sirve para unir y poner en relación dos palabras o grupos de palabras. Veamos cuáles son los principales tipos de conjunción.

Conjunciones coordinantes

Las conjunciones de coordinación sirven para unir dos proposiciones del mismo tipo.

— Indican unión las siguientes: **et**, **puis**, **ensuite**, **alors**… Pero la más común en el lenguaje sencillo es **et**.

Je vais chez eux et ils viennent chez moi.
Voy a su casa y ellos vienen a la mía.

Paul et Marie sont sortis il y a une minute.
Pablo y María han salido hace un minuto.

— Indican causa: **car**, **en effet**, **effectivement**.

Ils étaient partis car les conditions étaient mauvaises.
Se habían marchado, pues las condiciones eran malas.

— Indican consecuencia: **donc**, **alors**, **par conséquent**, **en con‑séquence**...

Tu es malade donc tu ne viendras pas.
Estás enfermo, así que no vendrás.

Il ne savait rien alors il ne pouvait rien faire.
No sabía nada, luego no podría hacer nada.

— Indican oposición, restricción: **mais**, **au contraire**, **cependant**, **pourtant**, **par contre**...

Je ne comprends rien mais je vais t'aider.
No entiendo nada, pero voy a ayudarte.

Ils vivaient ensemble mais ils ne s'aimaient pas.
Vivían juntos, pero no se querían.

Elle ne mangeait pas beaucoup, cependant elle était grosse.
No comía mucho y, sin embargo, estaba gorda.

Tu ne veux pas m'écouter pourtant je ne t'ai rien dit.
No quieres escucharme, sin embargo no te he dicho nada.

Conjunciones subordinantes

Las conjunciones de subordinación sirven para unir una pro‑posición subordinada a la proposición de la que dependen.

— Indican causa: **comme**, **parce-que**, **puisque**...

Je ne vais pas au cinéma parce que j'ai rendez-vous avec Paul.
No voy al cine porque tengo una cita con Pablo.

Puisque tu n'as pas 18 ans, tu ne peux pas aller en boîte.
Puesto que no tienes 18 años, no puedes ir a la discoteca.

— Indican consecuencia: **de sorte que**, **de façon que**, **de ma‑nière que**...

Ils ont tout arrangé de façon à ce que la maison soit belle.
Lo han arreglado todo de manera que la casa esté bonita.

— Indican concesión, oposición: **bien que**, **quoique**…

Bien que ta soeur soit triste, elle est très gentille.
Aunque tu hermana esté triste, es muy amable.

Quoique le ciel soit couvert, nous irons jouer au tennis.
Aunque el cielo esté tapado, iremos a jugar al tenis.

— Indican condición, suposición: **si**, **au cas**, **où**, **au cas que**…

Si nous étions jeunes, nous irions dancer.
Si fuéramos jóvenes, iríamos a bailar.

— Indican tiempo: **quand**, **lorsque**, **après que**, **pendant que**…

Quand je serai grand, je serai cycliste.
Cuando sea mayor seré ciclista.

Nous ferons le gâteau après que le poisson soit fait.
Haremos el pastel después de que esté hecho el pescado.

Pendant que la pluie tombait, la famille dormait.
Mientras caía la lluvia, la familia dormía.

Interjecciones

La interjección es una exclamación que expresa un movimiento del ánimo, un ruego, una orden, una llamada. Las interjecciones pueden estar constituidas por:

— una o más vocales combinadas con la **h** o con una consonante: **ah !**, **eh !**, **oh !**, **hein !** («¿eh?, ¿cómo?»);
— sonidos onomatopéyicos: **bah !** («¡bah!»), **pif !** («¡zas!»), **chut !** («¡chitón!»), **crac !** («¡crac!»), **zut !** («¡cáscaras!»);

— nombres, adjetivos o verbos: **ciel !** («¡cielos!»), **courage !** («¡ánimo!»), **dommage !** («¡lástima!»), **silence !** («¡silencio!»), **mon Dieu !** («¡Dios mío!»), **bon !** («¡bueno!»), **allons !** («¡venga!»);

— locuciones exclamativas: **à la bonne heure!** («¡a buenas horas!»), **ah non!** («¡ni hablar!»), **hélas!** («¡por desgracia!»).

Hein ! Mais qu'est-ce que tu fais ?
¡Eh! Pero ¿qué haces?

Dommage ! Je ne peux pas.
¡Lástima! No puedo.

Allons ! Dites-le.
¡Venga, decidlo!

Bon, ça y est !
¡Bueno, ya está!

Ejercicios

Ejercicio 1. Escoja entre las siguientes conjunciones coordinantes la más apropiada para cada oración (**mais, et, car, ou**):

1. Il est sensible .... généreux.
2. A quatre heures .... à cinq heures ?
3. Vas-y, ... ne rentre pas trop tard.
4. Je le dirai encore, ... ils n'ont pas compris.

Ejercicio 2. Escoja entre las siguientes conjunciones subordinantes la más apropiada para cada oración (**pourquoi, afin de, pendant que, combien**):

1. Je voudrais savoir .... tu l'as payé.
2. Elle a beaucoup travaillé .... réussir.
3. Je vous demande .... vous l'avez fait.
4. On ne doit pas regarder la télé .... on mange.

Frases útiles

En el camping

Où est le camping le plus proche ?
¿Dónde está el camping más cercano?

Est-ce que nous pouvons camper ici ?
¿Podemos acampar aquí?

Est-ce que nous pouvons louer une tente ?
¿Podemos alquilar una tienda?

Est-ce qu'il y a des douches ?
¿Hay duchas?

Ça coûte combien par personne/tente/caravane ?
¿Cuánto cuesta por persona/tienda/caravana?

L'eau est-elle potable ?
¿El agua es potable?

Est-ce qu'on peut faire la cuisine ?
¿Se puede cocinar?

Interdit de camper.
Prohibido acampar.

Est-ce que je peux emprunter une lampe de poche ?
¿Me puede prestar una linterna?

Où est-ce que je peux garer ma voiture ?
¿Dónde puedo aparcar el coche?

Verbo I

Conjugaciones verbales

En francés, además de los verbos auxiliares **avoir** («haber») y **être** («ser, estar»), que tienen **conjugación propia**, existen **tres grupos** (conjugaciones) verbales.

• El **primer grupo** incluye los verbos que en infinitivo presente terminan en **-er**. Es el grupo más rico y con más posibilidades de crecer, ya que los neologismos generalmente se forman siguiendo su modelo. Los verbos del primer grupo son casi todos regulares, salvo algunos que presentan particularidades en la conjugación y el verbo **aller** («ir»), que es irregular.

• El **segundo grupo** incluye los verbos que en infinitivo presente terminan en **-ir** y que tienen el participio presente en **-issant**. Los verbos de este grupo son regulares, excepto **fleurir** («florecer») y **haïr** («odiar»).

• El **tercer grupo** comprende todos los demás verbos, irregulares todos ellos, que tienen como terminaciones del infinitivo presente **-ir**, **-re**, **-oir**.

Los **modos** verbales pueden ser:

— perfectos: *indicatif* (indicativo), *subjonctif* (subjuntivo), *condicionnel* (condicional), *impératif* (imperativo);

— imperfectos: *infinitif* (infinitivo), *participe* (participio), *géron-dif* (gerundio).

Y los **tiempos**:

— **indicativo: tiempos simples:** *présent* (presente), *imparfait* (pretérito imperfecto), *passé simple* (pretérito perfecto simple) y *futur* (futuro); **tiempos compuestos:** *passé composé* (pretérito perfecto compuesto), *plus-que-parfait* (pluscuamperfecto), *passé anterieur* (pretérito anterior) y *futur antérieur* (futuro perfecto);
— **subjuntivo: tiempos simples:** *présent* (presente) e *imparfait* (imperfecto); **tiempos compuestos:** *passé composé* (pretérito perfecto compuesto), *plus-que-parfait* (pluscuamperfecto);
— **condicional: tiempos simples:** *présent* (presente); **tiempos compuestos:** *passé* (pretérito);
— **imperativo:** *présent* (presente);
— **infinitivo, participio** y **gerundio: tiempos simples:** *présent* (presente); **tiempos compuestos:** *passé*.

Existen las siguientes **personas** verbales: primera, segunda y tercera del singular, y primera, segunda y tercera del plural.

Las formas verbales se componen de dos partes: **raíz o tema** y **desinencia**.

> **parler** («hablar»): **parl** (raíz) + **er** (desinencia)
> **voyons** («veamos»): **voy** (raíz) + **ons** (desinencia)

Verbos auxiliares

Los verbos **avoir** («haber») y **être** («ser, estar») tienen conjugación propia. Reciben el nombre de *auxiliares* y se usan principalmente para formar los tiempos compuestos.

Sin embargo, con sentido propio también pueden expresar **posesión** o **edad** (verbo *avoir*), **existencia, posición, cualidad** y **pertenencia** (verbo *être*).

Il a une belle chatte grise.
Él tiene una bonita gata gris.

J'ai 20 ans.
Tengo 20 años.

Il est là.
Está allí.

Cette fille est charmante.
Aquella chica es encantadora.

Cette valise? Elle est à moi.
¿Esta maleta? Es mía.

Conjugación de los verbos auxiliares

Avoir

Indicatif

Présent	Passé composé	Imparfait	Plus-que-parfait
j'ai	j'ai eu	j'avais	j'avais eu
tu as	tu as eu	tu avais	tu avais eu
il a	il a eu	il avait	il avait eu
nous avons	nous avons eu	nous avions	nous avions eu
vous avez	vous avez eu	vous aviez	vous aviez eu
ils ont	ils ont eu	ils avaient	ils avaient eu

Passé simple	Passé antérieur	Futur simple	Futur antérieur
j'eus	j'eus eu	j'aurai	j'aurai eu
tu eus	tu eus eu	tu auras	tu auras eu
il eut	il eut eu	il aura	il aura eu
nous eûmes	nous eûmes eu	nous aurons	nous aurons eu
vous eûtes	vous eûtes eu	vous aurez	vous aurez eu
ils eurent	ils eurent eu	ils auront	ils auront eu

Subjonctif

Présent	Passé	Imparfait	Plus-que-parfait
j'aie	j'aie eu	j'eusse	j'eusse eu
tu aies	tu aies eu	tu eusses	tu eusses eu
il ait	il ait eu	il eût	il eût eu
nous ayons	nous ayons eu	nous eussions	nous eussions eu
vous ayez	vous ayez eu	vous eussiez	vous eussiez eu
ils aient	ils aient eu	ils eussent	ils eussent eu

Conditionnel		Impératif	
Présent	*Passé*	*Présent*	*Passé*
j'aurais	j'aurais eu	aie	aie eu
tu aurais	tu aurais eu	ayons	ayons eu
il aurait	il aurait eu	ayez	ayez eu
nous aurions	nous aurions eu		
vous auriez	vous auriez eu		
ils auraient	ils auraient eu		

Participe		Infinitif	
Présent	*Passé*	*Présent*	*Passé*
ayant	eu	avoir	avoir eu

ÊTRE

Indicatif

Présent	*Passé composé*	*Imparfait*	*Plus-que-parfait*
je suis	j'ai été	j'étais	j'avais été
tu es	tu as été	tu étais	tu avais été
il est	il a été	il était	il avait été
nous sommes	nous avons été	nous étions	nous avions été
vous êtes	vous avez été	vous étiez	vous aviez été
ils sont	ils ont été	ils étaient	ils avaient été

Passé simple	*Passé antérieur*	*Futur simple*	*Futur antérieur*
je fus	j'eus été	je serai	j'aurai été
tu fus	tu eus été	tu seras	tu auras été
il fut	il eut été	il sera	il aura été
nous fûmes	nous eûmes été	nous serons	nous aurons été
vous fûtes	vous eûtes été	vous serez	vous aurez été
ils furent	ils eurent été	ils seront	ils auront été

Subjonctif

Présent	*Passé*	*Imparfait*	*Plus-que-parfait*
je sois	j'aie été	je fusse	j'eusse été
tu sois	tu aies été	tu fusses	tu eusses été
il soit	il ait été	il fût	il eût été
nous soyons	nous ayons été	nous fussions	nous eussions été
vous soyez	vous ayez été	vous fussiez	vous eussiez été
ils soient	ils aient été	ils fussent	ils eussent été

Conditionnel		Impératif	
Présent	*Passé*	*Présent*	*Passé*
je serais	j'aurais été	sois	aie été
tu serais	tu aurais été	soyons	ayons été
il serait	il aurait été	soyez	ayez été
nous serions	nous aurions été		
vous seriez	vous auriez été		
ils seraient	ils auraient été		

Participe		Infinitif	
Présent	*Passé*	*Présent*	*Passé*
étant	été	être	avoir été

Tiempo presente

Verbos del primer grupo: terminados en -er

Este es el grupo más numeroso, con casi cuatro mil verbos. Por ejemplo:

> **parler** («hablar»): je parle, tu parles, il parle, nous parlons, vous parlez, ils parlent

Estos verbos son regulares y se conjugan siempre de la misma manera:

> **aimer** («amar»): j'aime, tu aimes, il aime, nous aimons, vous aimez, ils aiment
> **chanter** («cantar»): je chante, tu chantes, il chante, nous chantons, vous chantez, ils chantent

No obstante, los terminados en **-ger** añaden una **e** delante de las desinencias que comienzan con **o** o **a**, para mantener el sonido sonoro de la **g**.

> **manger** («comer»): je mange, tu manges, il mange, nous mangeons, vous mangez, ils mangent

Y en los terminados en **-cer**, la **c** va con cedilla delante de las desinencias que empiezan por **o** o **a**, para mantener el sonido sonoro de la **c**.

> **commencer** («comenzar»): je commenc**e**, tu commenc**es**, il commenc**e**, nous commen**ç**ons, vous commenc**ez**, ils commenc**ent**

Verbos del segundo grupo: terminados en -ir

Se conjugan como:

> **finir** («acabar»): je fin**is**, tu fin**is**, il fin**it**, nous fin**issons**, vous fin**issez**, ils fin**issent**

Verbos del tercer grupo: terminados en -ir, -oir, -re

Presentan irregularidades en la raíz, así como en la desinencia de la tercera persona del singular, en algunos casos.

> **venir** («venir»): je vi**ens**, tu vi**ens**, il vi**ent**, nous ven**ons**, vous ven**ez**, ils vien**nent**
> **recevoir** («recibir»): je reç**ois**, tu reç**ois**, il reç**oit**, nous recev**ons**, vous recev**ez**, ils reç**oivent**
> **prendre** («coger»): je prend**s**, tu prend**s**, il prend, nous pren**ons**, vous pren**ez**, ils pren**nent**

Desinencias de presente según los grupos verbales

	Grupo 1	Grupo 2	Grupo 3*	Grupo 1	Grupo 2	Grupo 3*
		Singular			Plural	
1.ª persona	-e	-is	-e/-s/-x	-ons	-issons	-ons
2.ª persona	-es	-is	-es/-s/-x	-ez	-issez	-ez
3.ª persona	-e	-it	-e/-d/-t	-ent	-issent	-ent

---

* El grupo 3 es irregular y existen excepciones en las tres personas del singular

Tiempo pasado: pretérito imperfecto

Una de las maneras de expresar una acción que tuvo lugar en el pasado es el pretérito imperfecto, llamado **imparfait de l'indicatif** en francés y que se conjuga de la siguiente manera:

Desinencias comunes para los verbos de todos los grupos:

	Singular	Plural
1.ª persona:	-ais	-ions
2.ª persona:	-ais	-iez
3.ª persona:	-ait	-aient

marcher («andar»): je march**ais**, tu march**ais**, il march**ait**, nous march**ions**, vous march**iez**, ils march**aient**

parler («hablar»): je parl**ais**, tu parl**ais**, il parl**ait**, nous parl**ions**, vous parl**iez**, ils parl**aient**

finir («acabar»): je finiss**ais**, tu finiss**ais**, il finiss**ait**, nous finiss**ions**, vous finis**siez**, ils finiss**aient**

vendre («vender»): je vend**ais**, tu vend**ais**, il vend**ait**, nous vend**ions**, vous vend**iez**, ils vend**aient**

Tiempo pasado: pretérito perfecto simple

El pretérito perfecto simple se utiliza sólo en los textos literarios o históricos; en la lengua oral se usa preferiblemente el pretérito perfecto compuesto.

Verbos del primer grupo

Para conjugar un verbo del primer grupo **(-er)** en pretérito perfecto simple se parte de la raíz del infinitivo y se añaden las desinencias **-ai, -as, -a, -âmes, -âtes** y **-èrent**. Estas desinencias son todas sonoras.

aimer («amar»): j'aim**ai**, tu aim**as**, il aim**a**, nous aim**âmes**, vous aim**âtes**, ils aim**èrent**

payer («pagar»): je pay**ai**, tu pay**as**, il pay**a**, nous pay**âmes**, vous pay**âtes**, ils pay**èrent**

Los verbos acabados en **-cer**, como **lancer** («lanzar»), añaden una **ç** delante de las desinencias que empiezan por **a**; los que acaban en **-ger**, como **manger** («comer»), agregan una **e** delante de las mismas desinencias para conservar el sonido sonoro de la **c** y de la **g**.

lancer: je lan**çai**, tu lan**ças**, il lan**ça**, nous lan**çâmes**, vous lan**çâtes**, ils lan**cèrent**

manger: je mang**eai**, tu mang**eas**, il mang**ea**, nous mang**eâmes**, vous mang**eâtes**, ils mang**èrent**

Verbos del segundo grupo

Los verbos del segundo grupo **(-ir)** se conjugan en perfecto simple a partir de la raíz del infinitivo, a la que se añaden las siguientes desinencias: **-is, -is, -it, -îmes, -îtes, -irent**.

finir («acabar»): je fin**is**, tu fin**is**, il fin**it**, nous fin**îmes**, vous fin**îtes**, ils fin**irent**

rougir («sonrojarse»): je roug**is**, tu roug**is**, il roug**it**, nous roug**îmes**, vous roug**îtes**, ils roug**irent**

Verbos del tercer grupo

Particularidades de los verbos acabados en -ir

Los verbos del tercer grupo no siguen una regla precisa. Algunos tienen las desinencias **-is, -is, -it, -îmes, -îtes, -irent**; otros acaban en **-us, -us, -ut, -ûmes, -ûtes** y **-urent**.

partir: je part**is**, tu part**is**, il part**it**, nous part**îmes**, vous part**îtes**, ils part**irent**

Los verbos acabados en **-ir**, como **courir** («correr») y **mourir** («morir»), forman el perfecto simple a partir de la raíz del infinitivo, a la que se añaden las desinencias **-us**, **-us**, **-ut**, **-ûmes**, **-ûtes** y **-urent**.

> **Courir:** je cour**us**, tu cour**us**, il cour**ut**, nous cour**ûmes**, vous cour**ûtes**, ils cour**urent**

PARTICULARIDADES DE LOS VERBOS ACABADOS EN -RE

Los verbos acabados en **-dre**, como **vendre** («vender»), y algunos verbos como **écrire** («escribir»), **dire** («decir») y **rire** («reír») forman el perfecto simple a partir de la raíz del infinitivo, a la que se añaden las desinencias que empiezan por **i**.

> **vendre:** je vend**is**, tu vend**is**, il vend**it**, nous vend**îmes**, vous vend**îtes**, ils vend**irent**
> **dire:** je d**is**, tu d**is**, il d**it**, nous d**îmes**, vous d**îtes**, ils d**irent**

Los verbos acabados en **-re**, como **conclure** («concluir»), **connaître** («conocer»), **croire** («creer») o **boire** («beber»), forman el perfecto simple a partir de la raíz del infinitivo o parte de ella, y añadiendo las desinencias que empiezan por **u**.

> **conclure:** je concl**us**
> **connaître:** je conn**us**
> **croire:** je cr**us**
> **boire:** je b**us**

Son excepciones los verbos **prendre** («tomar»), **faire** («hacer») y **naître** («nacer»), que cambian la raíz pero mantienen las desinencias regulares que empiezan por **i**.

> **prendre:** je pr**is**
> **faire:** je f**is**
> **naître:** je naqu**is**

Los verbos que terminan en **-oir** forman el pretérito perfecto simple a partir de la raíz del infinitivo o parte de ella, y añadiendo las desinencias que empiezan por **u**.

> **vouloir** («querer»): je voul**us**
> **pouvoir** («poder»): je p**us**
> **devoir** («deber»): je d**us**
> **savoir** («saber»): je s**us**
> **recevoir** («recibir»): je reç**us**

Son excepciones los verbos **s'asseoir** («sentarse») y **voir** («ver»), que toman las desinencias acabadas en **i**.

> **s'asseoir**: je m'ass**is**
> **voir**: je v**is**

Tiempo futuro

El futuro indica siempre la posterioridad de un hecho con respecto al momento en que se sitúa el sujeto que habla. El modo más sencillo de expresarlo es mediante el llamado **futur simple**. Veamos unos ejemplos:

> **chanter** («cantar»): je chanter**ai**, tu chanter**as**, il chanter**a**, nous chanter**ons**, vous chanter**ez**, ils chanter**ont**
> **finir** («acabar»): je finir**ai**, tu finir**as**, il finir**a**, nous finir**ons**, vous finir**ez**, ils finir**ont**
> **prendre** («coger»): je prendr**ai**, tu prendr**as**, il prendr**a**, nous prendr**ons**, vous prendr**ez**, ils prendr**ont**

Como se observará, el procedimiento para formar el futuro es muy sencillo y consiste en tomar el infinitivo del verbo y añadirle las desinencias: **-ai, -as, -a, -ons, -ez, -ont**.

> *Prends-tu l'autobus maintenant ?*   *Non, je le prendrai demain.*
> ¿Coges el autobús ahora?   No, lo cogeré mañana.

Mange-t-il avec nous aujourd'hui ? Non, il mangera avec nous demain.
¿Come hoy con nosotros? No, comerá con nosotros mañana.

Finira-t-il son travail cet après midi ? Non, il ne le finira pas.
¿Acabará su trabajo esta tarde? No, no lo acabará.

Est-ce-que vous prenez le train aujourd'hui ? Non, nous le prendrons demain.
¿Cogéis el tren hoy? No, lo cogeremos mañana.

De entre los verbos del tercer grupo, llamados *irregulares*, algunos presentan particularidades en la formación del futuro. Como no vamos a incluirlos todos aquí, citaremos sólo uno a modo de ejemplo:

aller («ir»): j'ir**ai**, tu ir**as**, il ir**a**, nous ir**ons**, vous ir**ez**, ils ir**ont**

Vas-tu chez Marie aujourd'hui ? Non, j'y irai demain.
¿Vas a casa de María hoy? No, iré mañana (allí).

Allez-vous au football cet après midi ? Non, nous y irons demain.
¿Vais al fútbol esta tarde? No, iremos mañana.

Imperativo

El imperativo, por regla general, sirve para expresar una orden, una exhortación, un ruego incluso.

El imperativo no tiene más que tres personas: la segunda persona del singular (**tu**), la primera persona del plural (**nous**), y la segunda persona del plural (**vous**). Veamos algunos ejemplos:

aimer («amar»): aime, aimons, aimez
finir («acabar»): finis, finissons, finissez
prendre («coger»): prends, prenons, prenez

Como se podrá observar, las formas son muy similares a las del presente de indicativo, con la salvedad de que los verbos acabados en **-er** no llevan **-s** en la segunda forma del singular.

El uso del imperativo ofrece ciertas peculiaridades, especialmente por lo que se refiere al lugar de los pronombres personales complementos. En efecto, hemos visto que con las demás formas verbales estos pronombres se colocaban unas veces delante —las más— y otras delante y detrás. Pues bien, con el imperativo los pronombres personales complementos deberán colocarse siempre detrás. Veamos un ejemplo:

Tu lui donnes son sac. Tu le lui donnes.
Tú le das tu bolso. Tú se lo das.

Sin embargo, cuando pasamos al imperativo:

Donne-le-lui.
Dáselo.

Vemos que en español ocurre lo mismo, lo cual simplifica las cosas:

Prends-le et donne-le-lui.
Cógelo y dáselo.

Partons, elle sera là dans une minute.
Vámonos, estará aquí dentro de un minuto.

Buvez un peu de ce vin espagnol !
¡Bebed un poco de este vino español!

Donne-moi la part qui me revient !
¡Dame la parte que me corresponde!

Condicional

El condicional expresa un hecho eventual o irreal, cuya realización se considera como consecuencia de un hecho supuesto.
Las desinencias del condicional son: **-rais**, **-rais**, **-rait**, **-rions**, **-riez**, **-raient**.

aimer («amar»): j'aim**erais**, tu aim**erais**, il aim**erait**, nous aim**erions**, vous aim**eriez**, ils aim**eraient**

finir («acabar»): je fin**irais**, tu fin**irais**, il fin**irait**, nous fin**irions**, vous fin**iriez**, ils fin**iraient**

rendre («devolver»): je rend**rais**, tu rend**rais**, il rend**rait**, nous rend**rions**, vous rend**riez**, ils rend**raient**

El condicional tiene muchos usos posibles, pero el más común es el de expresar un hecho eventual o posible si se cumple una condición. De ahí su empleo en las oraciones condicionales, introducidas casi siempre por la conjunción **si** + imperfecto:

Si je gagnais à la loterie, je la partagerais avec vous.
Si ganase la lotería, la repartiría con vosotros.

Si tu avais un bateau, nous pourrions aller à Mallorca.
Si tuvieras un barco, podríamos ir a Mallorca.

Si j'étais riche, j'achèterais un palais.
Si fuera rico, compraría un palacio.

Ejercicios

Ejercicio 1. Escriba las siguientes oraciones poniendo el verbo en imperfecto:

1. Ils habitent rue de la Paix.

....

2. Nous passons l'hiver à la mer.

....

3. Il chante une chanson française.

....

4. Je ne paie pas l'addition.

....

5. Tu désires la revoir.

....

Ejercicio 2. Escriba en futuro las siguientes frases, que contie
nen verbos terminados en **-ir**:

1. Vous partez demain.

....

2. Tu saisis une bonne opportunité.

....

3. Les ouvriers finissent leur travail à 5h30.

....

4. Elle réunit beaucoup de monde dans son salon.

....

5. Je pars demain.

....

Frases útiles

Objetos perdidos

Hier soir, j'ai perdu mes lunettes.
Ayer por la noche perdí mis gafas.

J'ai oublié mon parapluie au restaurant.
Olvidé mi paraguas en el restaurante.

J'ai perdu la clé de ma chambre.
He perdido la llave de mi habitación.

Quelqu'un a-t-il trouvé un appareil photo dans la salle à manger
¿Alguien ha encontrado una cámara fotográfica en el comedor

J'ai oublié où j'ai garé ma voiture.
He olvidado dónde aparqué mi coche.

Je ne trouve pas mon billet.
No encuentro mi entrada.

Avez-vous vu une mallette noire ?
¿Ha visto un maletín negro?

Vous l'avez laissée quand ?
¿Cuándo lo dejó?

Il y a deux heures.
Hace dos horas.

Personne ne m'a rien dit. Avez-vous demandé au réceptionniste ?
Nadie me ha dicho nada. ¿Le ha preguntado al recepcionista?

Verbo II

Formación de los tiempos compuestos

Los tiempos compuestos se pueden formar con el auxiliar **être** («ser, estar») o **avoir** («haber») seguido del participio pasado (véase pág. 102).

Pretérito perfecto compuesto: auxiliar en indicativo presente + participio pasado: *je suis sorti(e).*

Pretérito pluscuamperfecto: auxiliar en indicativo imperfecto + participio pasado: *il avait bu.*

Pretérito anterior: auxiliar en indicativo pasado remoto + participio pasado: *ils ont vu.*

Futuro perfecto: auxiliar en indicativo futuro simple + participio pasado: *elle aura pu.*

Condicional: auxiliar en condicional presente + participio pasado: *tu serais parti(e).*

Perfecto de subjuntivo: auxiliar en subjuntivo presente + participio pasado: *qu'il ait vu.*

Pluscuamperfecto de subjuntivo: auxiliar en subjuntivo imperfecto + participio pasado: *qu'il fût venu.*

Infinitivo pasado: auxiliar en infinitivo presente + participio pasado: *avoir compris.*

Gerundio pasado: auxiliar en participio presente + participio pasado: *étant sorti(e).*

Participio pasado

El participio pasado se forma a partir de la raíz del infinitivo, a la cual se añade una desinencia típica para cada grupo.

● Los verbos del primer grupo, acabados en **-er**, forman el participio pasado en **-é**.

▨ **parler**   parl + **é**

La desinencia **-é** es sonora; por lo tanto, no hay ninguna modificación en la raíz.

▨ **appeler**   appel + **é**
▨ **envoyer**   envoy + **é**

● Los verbos del segundo grupo acabados en **-ir** forman el participio pasado en **-i**.

▨ **finir**   fin + **i**

● Los verbos del tercer grupo acabados en **-ir** forman el participio pasado en **-i**.

▨ **partir**   part + **i**

Los verbos del tercer grupo acabados en **-re** y **-oir** forman el participio pasado en **-u**.

▨ **vendre**   vend + **u**
▨ **vouloir**   voul + **u**

Los auxiliares y muchos verbos del tercer grupo tienen un participio pasado irregular. Estos son los más habituales:

▨ être   **été**
▨ avoir   **eu**

asseoir	**assis**
boire	**bu**
connaître	**connu**
courir	**couru**
croire	**cru**
devoir	**dû**
dire	**dit**
écrire	**écrit**
faire	**fait**
lire	**lu**
mettre	**mis**
mourir	**mort**
naître	**né**
ouvrir	**ouvert**
plaire	**plu**
pleuvoir	**plu**
pouvoir	**pu**
prendre	**pris**
rire	**ri**
savoir	**su**
suivre	**suivi**
tenir	**tenu**
vaincre	**vaincu**
venir	**venu**
vivre	**vécu**
voir	**vu**

La elección del auxiliar depende del verbo, pero el auxiliar **avoir** se usa más que **être**.

• Se conjugan con el auxiliar **avoir**:

— los verbos auxiliares **être** y **avoir**;

Il a été malade.
Él ha estado enfermo.

> *Il a eu peur.*
> Él ha tenido miedo.

— los **verbos transitivos activos**, es decir, los verbos que pueden tener complemento directo;

> *Nous avons fermé la porte.*
> Hemos cerrado la puerta.
>
> *Il a mis son complet bleu.*
> Se ha puesto el vestido azul.

— la mayor parte de los **verbos intransitivos**, es decir, los verbos que no rigen complemento directo;

> *Elle a pâli.*
> Ella palideció.
>
> *Il a réussi.*
> Él lo logró.

— los **verbos impersonales**;

> *Il a neigé toute la nuit.*
> Ha nevado toda la noche.
>
> *Il a fallu lui parler.*
> Ha sido necesario hablarle.

— los **verbos devoir, pouvoir, savoir** y **vouloir** seguidos de infinitivo.

> *Il a dû partir tout de suite.*
> Tuvo que irse rápidamente.
>
> *Il n'a pas su le faire.*
> No ha sabido hacerlo.

• Se conjugan con el auxiliar **être**:

— los **verbos reflexivos**;

Il s'est levé tard.
Él se ha levantado tarde.

Elles se sont repenties.
Ellas se han arrepentido.

— los **verbos en forma pasiva**;

Nous sommes aimés.
Somos queridos.

Ils ont été punis.
Ellos han sido castigados.

— algunos **verbos intransitivos** que expresan **movimiento** o **cambio de estado**, como por ejemplo:

aller («ir»)	**apparaître** («aparecer»)	**arriver** («llegar»)
descendre («descender»)	**devenir** («volverse»)	**entrer** («entrar»)
intervenir («intervenir»)	**monter** («subir»)	**mourir** («morir»)
naître («nacer»)	**parvenir** («llegar»)	**passer** («pasar»)
partir («partir»)	**rentrer** («regresar»)	**revenir** («volver»)
rester («permanecer»)	**retourner** («volver»)	**sortir** («salir»)
tomber («caer»)	**venir** («venir»)	

Il est né le 14 avril.
Él nació el 14 de abril.

Elle est sortie à midi.
Ella salió al mediodía.

No obstante, algunos de estos verbos **(descendre, monter, passer, rentrer, sortir)** llevan el auxiliar **avoir** si se usan transitivamente.

Il a descendu les bouteilles à la cave.
Ha bajado las botellas a la bodega.

Nous avons monté nos valises.
Hemos subido nuestras maletas.

J'ai passé de très belles vacances.
He pasado unas vacaciones magníficas.

Quand il s'est mis à pleuvoir il a rentré le linge.
Cuando empezó a llover entró la ropa.

Elle a sorti du poisson du frigo.
Ha sacado pescado del frigorífico.

Participio presente

El participio presente se forma a partir de la **raíz de la primera persona del plural del presente de indicativo**, a la que se añade el sufijo **-ant**.

nous parlons («nosotros hablamos»)   **parl + ant** («hablante»)
nous lisons («nosotros leemos»)   **lis + ant** («lector»)

Son excepciones: **être** («ser»), *étant;* **avoir** («haber»), *ayant,* **savoir** («saber»), *sachant.*

El participio presente es **invariable** cuando indica una **acción** y **variable** cuando señala un **estado**.

Je l'ai vu faisant du surf.
Lo he visto mientras hacía (haciendo) surf.

Laissez passer les personnes ayant leurs billets.
Dejen pasar a las personas que tienen billetes.

Analysez les exemples suivants.
Analicen los ejemplos siguientes.

L'italien est une langue chantante.
El italiano es una lengua melodiosa.

Sur la route marchait un groupe de jeunes chantant et riant.
Por la carretera iba un grupo de jóvenes cantando y riendo.

Il passait la nuit chantant.
Pasaba la noche cantando.

Je l'ai vu répondant aux questions des journalistes.
Le he visto mientras respondía a las preguntas de los periodistas.

Gerundio

Se forma añadiendo **en** al *participe présent* del verbo. Se emplea para señalar que una acción se desarrolla al mismo tiempo que otra: *Il marche **en chantant** une chanson* («Camina cantando una canción»); para señalar el modo: *Il s'est brûlé **en cuisinant*** («Se quemó cocinando»); o la causa, ***En écoutant** sa mère, il a décidé l'amener chez lui* («Al escuchar a su madre, decidió llevársela a su casa»).

Verbos impersonales

Los verbos impersonales van precedidos de **il**, que hace la función de sujeto aparente:

Il pleut beaucoup aujourd'hui.
Llueve mucho hoy.

Il neige au dessus de 2000 mètres.
Nieva por encima de los 2000 metros.

Il fait froid en hiver.
Hace frío en invierno.

Il fait chaud en été.
Hace calor en verano.

Il faut que tu prennes cet autobus.
Tienes que coger ese autobús.

El impersonal **il faut** se usa siempre para expresar la obligatoriedad de una acción y la necesidad de llevarla a cabo. Equivaldría al español *tener que*, *deber*, *haber que*, etc.

Il faut sortir d'ici en vitesse.
Hay que salir de aquí rápidamente.

Il faut terminer cette leçon avant demain.
Hay que acabar esta lección antes de mañana.

Cuando va en condicional, expresa una obligatoriedad velada o disminuida por la condición y equivaldría a *habría que…*

Il faudrait peindre la cuisine avant l'hiver.
Habría que pintar la cocina antes del invierno.

Voz pasiva

En francés, los verbos en pasiva se conjugan con el auxiliar **être**. El **participio pasado** concuerda siempre en género y número con el **sujeto**.

Elle sera appelée.
Ella será llamada.

Ils ont été reconnus.
Ellos fueron reconocidos.

El **sujeto agente** es introducido por:

— **par** si el verbo expresa una acción material;

Nous avons été grondés par nos parents.
Hemos sido reñidos por nuestros padres.

Ce problème a été résolu par tous les élèves.
Este problema ha sido resuelto por todos los alumnos.

— **de** si el verbo expresa un sentimiento;

Il était détesté de ses cousins.
Él era detestado por sus primos.

C'est un enfant aimé de ses parents.
Es un niño amado por sus padres.

— **de** con los verbos **connaître** («conocer»), **ignorer** («ignorar»), **accompagner** («acompañar»), **suivre** («seguir»), **précéder** («preceder»), **entourer** y **environner** («circundar»).

Il a toujours été ignoré de ses camarades.
Él siempre ha sido ignorado por sus compañeros.

Nous avons été accompagnés de nos parents.
Hemos sido acompañados por nuestros padres.

Elle était suivie du regard de sa mère.
Ella era seguida por la mirada de su madre.

Notre ville est entourée de remparts.
Nuestra ciudad está rodeada por murallas.

Ejercicios

Ejercicio 1. Transforme las oraciones pasivas en activas:

1. La signature du contrat a été précédée par de longs pourparlers.

....

2. Le péage de l'autoroute est géré par des systèmes automatiques.

....

3. La sécurité des lieux publics doit toujours être assurée par la police.

....

4. Les réseaux télématiques ont été renforcés par les nouvelles fibres òptiques.

....

5. Nos camarades étaient accompagnés de leurs amis allemands.

....

Ejercicio 2. Traduzca los verbos impersonales relativos a tiempo atmosférico que están en cursiva:

1. En automne *llueve* souvent.

....

2. L'hiver, en haute montagne *nieva* et *hiela* presque tous les jours.

....

3. Il ne pleut pas, mais *llovizna* un petit peu.

....

4. Hier, j'aurais voulu aller me promener à la campagne avec mes enfants, mais *ha llovido* toute la journée.

....

5. L'année dernière *ha nevado mucho* et nous avons fait beaucoup de ski.

....

Frases útiles

En el mecánico

Ma voiture est tombée en panne.
Mi coche se ha averiado.

La voiture ne veut pas démarrer.
El coche no arranca.

Les phares ne s'allument pas.
Los faros no se encienden.

J'ai besoin d'un mécanicien.
Necesito un mecánico.

Il faut charger la batterie.
Es necesario cargar la batería.

Avez-vous les câbles de démarrage ?
¿Tiene cables para la batería?

J'ai besoin qu'on me pousse.
Necesito que alguien me empuje.

Je suis en panne d'essence.
Estoy sin gasolina.

Mon pneu est à plat.
Se me ha pinchado una rueda.

Ça va prendre combien de temps ?
¿Cuánto tiempo tardará?

La frase

Frase afirmativa

Normalmente, una frase afirmativa se construye en el siguiente orden: **sujeto + verbo + compl. directo + compl. indirecto.**

Il prête son cahier à Marc.
Él presta su cuaderno a Marc.

J'ai vu un beau film à la télé.
He visto una buena película en la televisión.

Il aimait offrir des fleurs à sa femme.
Le gustaba regalar rosas a su mujer.

Il travaillait dix heures par jour.
Trabajaba diez horas al día.

Se produce **inversión del sujeto:**

— en las frases accidentales;

« Sortez ! », *s'écria-t-il avec violence.*
«¡Salid!», exclamó airadamente.

« Je m'en vais ! », *dit-elle en claquant la porte.*
«¡Me voy!», dijo dando un portazo.

> *« Soit », soupira-t-elle, je partirai.*
> «De acuerdo», suspiró, me iré.

> *« Pas de problèmes », se disait-il, je vais réussir.*
> «Ningún problema», se decía, lo lograré.

— cuando la frase empieza con **peut-être** («quizás»), **sans doute** («sin duda»), **ainsi** («así»), **aussi** («después de todo») **en vain** («en vano»);

> *Peut-être finira-t-il à 7 heures.*
> Quizás acabará a las siete.

> *Ainsi l'avez-vous fait.*
> Así que lo habéis hecho.

> *Sans doute pourront-ils le faire.*
> Sin duda podrán hacerlo.

> *En vain s'adressa-t-elle à sa famille.*
> Ella se dirigió en vano a su familia.

— cuando la frase empieza con una **conjunción** o con el pronombre relativo **que** y el **sujeto** es un **sustantivo.**

> *Ce sont les clés qu'a oubliées ta soeur.*
> Son las llaves que tu hermana ha olvidado.

> *Voilà le parapluie qu'avait perdu mon père.*
> Este es el paraguas que había perdido mi padre.

Frase negativa

Generalmente está constituida por dos elementos: **ne** y **pas**. **Ne** va delante del verbo principal o del auxiliar, y **pas**, detrás.

> *Il ne sort pas ce soir.*
> Él no sale esta noche.

Il n'était pas à même de l'achever.
Él no era capaz de acabarlo.

Je n'ai pas compris ce qu'il a dit.
No he entendido lo que ha dicho.

Nous n'avons pas voulu le rencontrer.
Nosotros no hemos querido verle.

Recuerde que las dos partículas **ne pas** van delante de un verbo en **infinitivo**.

Il nous a dit de ne pas tarder.
Nos ha dicho que no tardáramos.

Prière de ne pas fumer.
Se ruega no fumar.

Il a ordonné de ne pas vendre ses actions.
Él ordenó que no vendieran sus acciones.

Ils disaient ne pas avoir compris.
Decían que no lo habían entendido.

La negación **pas** se omite en presencia de otro elemento negativo, como **plus** («no más»), **jamais** («nunca»), **rien** («nada»), **personne** («nadie»), **aucun/e** («nadie»), **ni... ni** («ni... ni»), y con el **que** restrictivo usado con el valor de **solamente**.

Il ne fume plus.
Él ya no fuma.

Je ne vois personne.
No veo a nadie.

Il ne prend ni vin ni bière.
No toma ni vino ni cerveza.

Nous n'avons que des soucis.
No tenemos más que preocupaciones.

Frase interrogativa

Tiene diferentes estructuras, según el registro lingüístico. En la **lengua oral** tiene la misma estructura que la frase afirmativa, pero se pronuncia con una entonación ascendente.

Ils ont compris ?
¿Lo han entendido?

Tu sors à quelle heure ?
¿A qué hora sales?

Vous allez où cet après-midi ?
¿Adónde vais esta tarde?

Vous désirez, Mademoiselle ?
¿Qué desea, señora?

En la lengua **oral** también se usa la locución **est-ce que** precediendo al sujeto.

Est-ce que vous avez déjà mangé ?
¿Habéis comido ya?

Est-ce qu'ils ont acheté un autre perroquet ?
¿Han comprado otro loro?

A quelle heure est-ce qu'il est rentré ?
¿A qué hora ha vuelto?

Pourquoi est-ce que tu pleures, ma petite ?
¿Por qué lloras, pequeña?

En el **lenguaje escrito** se produce la **inversión del sujeto**. Si el sujeto es **il**, **elle** u **on** y el verbo termina en vocal, hay que añadir entre el sujeto y el verbo una **-t- eufónica**.

Sont-ils contents de leurs résultats ?
¿Están contentos de sus resultados?

Pourquoi n'a-t-on pas pourvu aux frais ?
¿Por qué no se han cubierto los gastos?

A-t-il répondu à tes questions ?
¿Ha respondido a tus preguntas?

Va-t-elle régulièrement chez le dentiste ?
¿Ella va regularmente al dentista?

Si el sujeto es un sustantivo, este se mantiene al principio de la oración y la inversión se realiza con el pronombre personal correspondiente (forma interrogativa con repetición del sujeto).

Tes cousins, sont-ils français ?
¿Tus primos son franceses?

Le médecin, est-il arrivé ?
¿Ha llegado el médico?

Les fenêtres, sont-elles ouvertes ?
¿Están abiertas las ventanas?

Le reporter, a-t-il terminé son enquête ?
¿El periodista ha terminado la encuesta?

Si la frase empieza con un elemento interrogativo como **quand**, **où**, **comment** y el sujeto es un sustantivo, puede darse la inversión simple entre sujeto y verbo.

Quand partiront tes amis ?
¿Cuándo se irán tus amigos?

Comment le prépare ta mère ?
¿Cómo lo prepara tu madre?

Où sont mes lunettes ?
¿Dónde están mis gafas?

D'où viennent ces personnes ?
¿De dónde vienen estas personas?

Frase interrogativa negativa

La frase interrogativa que al mismo tiempo implica una negación se construye con la partícula **ne** delante del verbo, a este le sigue el sujeto y finalmente la partícula **pas**.

Ne vas-tu pas au cinéma avec ta soeur ?
¿No vas al cine con tu hermana?

Ne prenez-vous pas un bon dessert ce soir ?
¿No toma un buen postre esta noche?

Posición del adjetivo en la frase

No existe, como en inglés, una regla fija que obligue a colocar el adjetivo siempre delante del nombre o siempre detrás. Esto es variable. En efecto, el adjetivo puede colocarse de las dos maneras siempre que se siga una serie de normas.

• Se colocará adjetivo + nombre:

— cuando se trate de un adjetivo muy corto (monosílabo) frente a un sustantivo largo;

Un long trajet
Un trayecto largo

Une forte tempête
Una fuerte tempestad

Un bel appartement
Un bonito apartamento

— cuando se trate de un adjetivo ordinal.

Le vingtième siècle   El siglo veinte
La première rue   La primera calle

• Se colocará nombre + adjetivo:

— cuando se trate de un adjetivo muy largo frente a un nombre muy corto (monosílabo);

Un coeur sensible	Un corazón sensible
Un champ stérile	Un campo estéril

— en el caso de adjetivos que expresan forma o color;

Une voiture rouge	Un coche rojo
Le tapis vert	La alfombra verde
Un champ carré	Un campo cuadrado

— con aquellos que indiquen una cualidad ocasional.

Une porte secrète	Una puerta secreta
Une voiture lente	Un coche lento

Uso de los modos verbales

El modo describe la manera en que el verbo expresa un hecho, estado o acción y cómo se conciben y presentan estos. Por ejemplo, la acción puede ser puesta en duda, o presentada como real o hipotética.

En la lengua francesa se distinguen siete modos, de los cuales cuatro son personales y tres impersonales.
Los modos personales son:

— **Indicatif** (indicativo): se utiliza para expresar hechos reales objetivos considerados como seguros. Es el único modo que acepta la formulación de enunciados interrogativos.

*Il **dort*** («Duerme»)
*Il **chante*** («Canta»)
*Est-ce qu'il **dort** ?* («¿Duerme?»)
*Est-ce qu'il **chante** ?* («¿Canta?»)

— **Imperatif** (imperativo): se emplea únicamente para dar órdenes o pedir algo al oyente. Incluye sólo tres personas 2.ª del singular y 1.ª y 2.ª del plural.

Dors ! («¡Duerme!»)
Chante ! («¡Canta!»)

— **Subjonctif** (subjuntivo): se utiliza para expresar deseos, posibilidades, irrealidades, etc.

Je me doute qu'il dorme. («Dudo que duerma»).
Je me doute qu'il chante («Dudo que cante»).

— **Conditionnel** (condicional): permite exponer un hecho posible, más o menos probable, que depende de una condición necesaria, de un supuesto (azar) o de un suceso hipotético, que se introduce en la oración precedido de *si que*, etc.

S'il le voulait, il dormirait. («Si quisiera, dormiría»).
S'il le voulait, il chanterait. («Si quisiera, cantaría»).

Los modos impersonales son: participio pasado y presente y gerundio (véanse los epígrafes en las págs. 102-107).

Ejercicios

Ejercicio 1. Transforme las frases afirmativas en interrogativas:

Ej.: Aujourd'hui il est heureux.
Est-il heureux aujourd'hui ?

1. Aujourd'hui, le temps est mauvais.

....

2. Colette aime bien les livres policiers.

....

3. L'euro est la monnaie unique.

....

4. Catherine Deneuve sort de l'hôtel.

....

5. C'est sa belle-soeur.

....

Ejercicio 2. Suprima la partícula negativa **pas** y en su lugar escriba **rien** («nada») o **jamais** («nunca»), o bien **personne** («nadie»), en el lugar adecuado (sustituyendo al eventual complemento):

Ej.: Je n'ai **pas** mangé. Je n'ai **rien** mangé.
Je ne **l'**ai **pas** vu. Je n'ai vu **personne**.

1. Tu n'as pas bu. ....
2. Il n'avait pas parlé avec elle. ....
3. Je ne vois pas. ....
4. Monsieur Carré ne me l'a pas dit. ....
5. Je ne veux pas lui parler. ....

Frases útiles

En la comisaría

Est-ce que vous pourriez m'aider, s'il vous plaît ?
¿Podría ayudarme, por favor?

Où est le commissariat de police ?
¿Dónde está la comisaría de policía?

On m'a volé.
Me han robado.

Il a essayé de me voler.
Ha intentado robarme.

C'est urgent !
¡Es una urgencia!

Appelez la police !
¡Llame a la policía!

Je viens porter plainte pour vol.
Quiero denunciar un robo.

J'ai été violenté(e).
He sido agredido(a).

Est-ce que je pourrais utiliser le téléphone ?
¿Podría usar el teléfono?

Je veux contacter mon ambassade.
Quiero contactar con mi embajada.

Soluciones de los ejercicios

Fonética y ortografía

Ejercicio 1

1. Louis**//a** mangé.- 2. Le**s_h**erbes.- 3. Never**s//e**st**_e**n France.-
4. Il**s_h**ésitent.- 5. De beau**x_a**rbres.

Ejercicio 2

1. Les légumes contiennent beaucoup de vitamines.- 2. Il est
médecin à l'hôpital de Lyon.- 3. J'ai acheté un ordinateur.- 4. Elle
a envie d'aller visiter les musées.- 5. Je suis née à Paris.

El artículo

Ejercicio 1

1. la.- 2. l'.- 3. l'.- 4. l'.- 5. l'.

Ejercicio 2

1. un.- 2. une.- 3. un.- 4. une.- 5. un.

El sustantivo

Ejercicio 1

1. une française.- 2. une étudiante.- 3. une amie.- 4. l'ouvrière.- 5. la cousine.

Ejercicio 2

1. les trains.- 2. les amis.- 3. les maisons.- 4. des français.- 5. les repas.

Adjetivo I

Ejercicio 1

1. ouverte.- 2. douce.- 3. secrète.- 4. fermée.- 5. nouvelle.- 6. grise.

Ejercicio 2

1. fatals.- 2. initiaux.- 3. bleus.- 4. épais.- 5. blanches.

Adjetivo II

Ejercicio 1

1. Ma/mes.- 2. Mon/sa.- 3. Leurs/leur.- 4. son/ses.- 5. Ton.

Ejercicio 2

1. Cette.- 2. Cet.- 3. Ces.- 4. Cette.- 5. ces.

Adjetivo III

Ejercicio 1

1. quelques.- 2. Tous.- 3. Certains.- 4. toutes.

Ejercicio 2

1. Aucun.- 2. Chaque.- 3. nul.- 4. n'importe quelle.- 5. mêmes.

Pronombres

Ejercicio 1

1. le.- 2. la.- 3. les.- 4. la.- 5. les.

Ejercicio 2

1. que.- 2. que.- 3. qui.- 4. que.- 5. qui.

Ejercicio 3

1. On.- 2. Quelques-uns.- 3. personne.- 4. rien.

Preposiciones

Ejercicio 1

1. de la.- 2. à la.- 3. de l'.- 4. des.- 5. au.

Ejercicio 2

1. dans la.- 2. sur.- 3. chez.- 4. de.- 5. chez.

Adverbios

Ejercicio I

1. Parfois.- 2. jamais.- 3. Aujourd'hui.- 4. toujours.- 5. après.

Ejercicio 2

1. beaucoup.- 2. rapidement.- 3. très.- 4. terriblement.- 5. Heureusement.

Conjunciones e interjecciones

Ejercicio I

1. et.- 2. ou.- 3. mais.- 4. car.

Ejercicio 2

1. combien.- 2. afin de.- 3. pourquoi.- 4. pendant que.

Verbo I

Ejercicio I

1. Ils habitaient rue de la Paix.- 2. Nous passions l'hiver à la mer.- 3. Il chantait une chanson française.- 4. Je ne payais pas l'addition.- 5. Tu désirais la revoir.

Ejercicio 2

1. Vous partirez demain.- 2. Tu saisiras une bonne opportunité.- 3. Les ouvriers finiront leur travail à 5h30.- 4. Elle réunira beaucoup de monde dans son salon.- 5. Je partirai demain.

Verbo II

Ejercicio I

1. De longs pourparlers ont précédé la signature du contrat.-
2. Des systèmes automatiques gèrent le péage de l'autoroute.-
3. La police doit toujours assurer la sécurité des lieux publics.-
4. Les nouvelles fibres optiques ont renforcé les réseaux télématiques.- 5. Des amis allemands accompagnaient nos camarades.

Ejercicio 2

1. En automne il pleut souvent.- 2. L'hiver, en haute montagne il neige et il gèle presque tous les jours.- 3. Il ne pleut pas, mais il bruine un petit peu.- 4. Hier, j'aurais voulu aller me promener à la campagne avec mes enfants, mais il a plu toute la journée.-
5. L'année dernière il a beaucoup neigé et nous avons fait beaucoup de ski.

La frase

Ejercicio I

1. Le temps, est-il mauvais aujourd'hui ?- 2. Est-ce que Colette aime bien les livres policiers ?- 3. Est-ce que l'euro est la monnaie unique ?- 4. Est-ce que Catherine Deneuve sort de l'hôtel ?-
5. Est-ce sa belle-soeur ?

Ejercicio 2

1. Tu n'as rien bu.- 2. Il n'avait jamais parlé avec elle.- 3. Je ne vois rien.- 4. Monsieur Carré ne me l'a jamais dit.- 5. Je ne veux parler à personne.

www.ingramcontent.com/pod-product-compliance
Lightning Source LLC
LaVergne TN
LVHW051351080426
835509LV00020BA/3379